FRAUEN MIT VISIONEN

BETTINA FLITNER
FRAUEN MIT VISIONEN

48 EUROPÄERINNEN. MIT TEXTEN VON ALICE SCHWARZER

KNESEBECK

EIN ABENTEUER BETTINA FLITNER 8

MAGDALENA ABAKANOWICZ 14 CHANTAL AKERMAN 20
SWETLANA ALEXIJEWITSCH 24 LETIZIA BATTAGLIA 28
PINA BAUSCH 32 FRANZISKA BECKER 38
CHRISTINE BERGMANN 42 ILDA BOCCASSINI 46
GRO HARLEM BRUNDTLAND 50 CHRISTA DE CAROUGE 54
TERESA CORDOPATRI 58 ASSIA DJEBAR 68
MARION GRÄFIN DÖNHOFF 72 SIAN EDWARDS 76
INGE FELTRINELLI 80 DÖRTE GATERMANN 84
MIEP GIES 88 MARLEEN GORRIS 96

BENOÎTE GROULT 100 SIRKKA HÄMÄLÄINEN 104
CLAUDIE HAIGNERÉ 108 TARJA HALONEN 112
REGINE HILDEBRANDT 116 AYAAN HIRSI ALI 118
ELFRIEDE JELINEK 122 EVA JOLY 126 IRENE KHAN 130
MARIA LASSNIG 134 LEA LINSTER 138 LIZA MARKLUND 142
MARGARETE MITSCHERLICH-NIELSEN 146
HERTA MÜLLER 150 OLGA NEUWIRTH 154
CHRISTIANE NÜSSLEIN-VOLHARD 158 KATI OUTINEN 164
JUDIT POLGAR 168 FRANKA POTENTE 172
RUTH RENDELL 176 ANITA RODDICK 180
ANDA ROTTENBERG 184 ALICE SCHWARZER 188
FRIEDE SPRINGER 194 CEIJA STOIKA 198
MARLENE STREERUWITZ 202 ILONA TOKODY 206
TATJANA TOLSTAJA 210 SIMONE VEIL 214
LAURE WYSS 218

DANKSAGUNG 222
VITA 223

BETTINA FLITNER EIN ABENTEUER

Da stehe ich im Damenzimmer des Palastes. Goldene Stühle, goldene Bilderrahmen, goldene Lüster. Das Parkett glänzt. Es ist 14.25 Uhr. Genau eine Stunde habe ich Zeit. Eine Stunde der Präsidentin des Landes für mein Projekt. Seit drei Monaten ist dieser Termin verabredet. Gerade ist meine Blitzlampe kaputtgegangen. Draußen gießt es, und hier drinnen ist es stockfinster. Eine Lampe … eine Lampe … eine Lampe. Der Fotoladen! Da war doch dieser Fotoladen neben dem Präsidenten-Palais. Wieder vorbei an den Sicherheitsbeamten, hinaus in den finnischen Regen. Da, der kleine vollgestopfte Laden an der Ecke. »Aber wenn ausgerechnet jetzt Leute kommen und Passbilder haben wollen«, jammert der Besitzer, als ich ihm die Blitzlampe abbaue. »Bei dem Wetter«, beruhige ich ihn und renne mit der Lampe unterm Arm aus dem Laden und zurück Richtung Palast. »Für Tarja Halonen …«, höre ich ihn noch schicksalsergeben murmeln. 14.55 Uhr. Die Lampe steht, die Präsidentin kann kommen.
Einer meiner letzten Termine für dieses Projekt. Große Europäerinnen. Die bedeutendsten, interessantesten, wichtigsten Frauen in Europa hatte ich mir vorgenommen. Künstlerinnen, Schriftstellerinnen, Wissenschaftlerinnen, Politikerinnen, Aktivistinnen in ganz Europa. Frauen, die Geschichte schreiben. Frauen, die in ihren Bereichen Herausragendes geleistet haben und leisten. Frauen, die über sich selber hinaus denken. Im Laufe dieses Projektes sollte ich sie treffen. Sie waren so spannend, dass eine jede ein ganzes Buch wert gewesen wäre.
Es sind Frauen, die in ihren eigenen Ländern bekannt bis berühmt und auf ihrem Gebiet oft weltweit anerkannt sind. Sie geben den Ton an, wie die englische Dirigentin Sian Edwards. Sie setzen die Männer schachmatt, wie die Ungarin Judit Polgar, die beste Schachspielerin der Welt. Sie greifen nicht nur nach den Sternen, sondern fliegen gleich selber hin, wie die französische Astronautin und heutige Forschungsministerin Claudie Haigneré.
Von so mancher kannte ich nicht einmal den Namen, als ich meine Recherche begann. Das Bundesfamilienministerium hatte eine finanzielle Unterstützung des Projektes zugesichert. Ein Unterfangen dieses Ausmaßes – das war klar – würde ich allein nicht bewältigen können. Im Frühjahr 2001 fing das Abenteuer an. Hunderte von Briefen

schickte ich ab: an die deutschen Botschaften in den europäischen Ländern, an die Botschaften der Länder in Deutschland, an die Goethe-Institute, an Journalisten und AuslandskorrespondentInnen, an Freunde und Freundinnen, an ExpertInnen in den Ländern: »Bitte nennen Sie mir Frauen, egal aus welchen Bereichen, von denen Sie meinen, gerade die dürften auf keinen Fall fehlen!«

Was dann kam, war überwältigend. Eine Flut von Faxen, E-Mails, Anrufen. Mein Fax spuckte Listen mit dreißig, vierzig, fünfzig Namen aus Italien oder Frankreich aus. Die Länder mit einer Tradition in weiblichen Persönlichkeiten waren nicht mehr zu halten. Es rasselten die Namen durch Telefon- und Handyhörer, mein Briefkasten quoll über von Fotos und Artikeln. In anderen Ländern wiederum lief es zunächst zäher an. Das E-Mail eines Korrespondenten aus Budapest klang eher resigniert: »Talentierte Frauen, von denen es etliche gibt, kochen Kaffee für die Titanen und Geschickelenker und opfern sich auf dem Altar der Haushaltsführung und Kinderaufzucht. Für Ihr Projekt ist aus diesem Land nach bestem Wissen und Gewissen niemand vorzuschlagen!«

Diese Flut zu sortieren war der erste, der schwierigste Akt. Jeder einzelne vorgeschlagene Name wurde von mir noch einmal recherchiert. Welche Bedeutung hat sie für die Menschen in ihrem Land? Gibt es innerhalb Europas noch jemanden auf dem gleichen Gebiet von ähnlicher Bedeutung? Gehört sie wirklich zu den wichtigsten Fünfzig? Ich telefonierte mit dem Schachverband in Budapest, mailte mit der finnischen Forstmeisterin in Kaamanen, faxte mit der mir bis dahin unbekannten Sekretärin einer Zeitschrift in Rom (»Ich helfe Ihnen sehr gern, aber mein Chef sollte nicht erfahren, dass ich in meiner Dienstzeit für Sie recherchiere«). Von einer Botschaft kam die überraschende Frage: »Wollen Sie nur Lebende oder auch tote Frauen fotografieren?« Über Monate saß ich mit Laptop, Fax und Telefon inmitten eines europäischen Sprachgewirrs und versuchte, einen Überblick zu bekommen.

Wen ich letztendlich für das Projekt fotografieren würde, war nach diesen Monaten der Recherche dennoch schnell klar. Da gab es Frauen, die von anderen immer wieder vorgeschlagen wurden, wie die ehemalige norwegische Ministerpräsidentin Gro Harlem Brundtland oder die italienische Fotografin Letizia Battaglia. Es gab aber auch Menschen, die ich selbst von Anfang an im Sinn hatte. Wie Miep Gies, die die deutsch-jüdische Familie Frank über zwei Jahre lang in dem Amsterdamer Hinterhaus versteckte und das Tagebuch der Anne Frank rettete. Die Auswahl der Frauen in diesem Buch ist also das Ergebnis einer breit gefächerten, objektiven Recherche – und meines subjektiven Zugriffs.

Ein solcher Band kann nur Schlaglichter werfen. Manche Frauen, die ich gerne dabeigehabt hätte, sagten zu und mussten dann aus Zeitnot wieder absagen. Anderen war der Gedanke unangenehm, ausgerechnet jetzt, in einem »gewissen Alter«, fotografiert zu werden. »Wären Sie vor zehn Jahren gekommen ...«, schrieb mir eine berühmte Schriftstellerin. Auch sind nicht alle europäischen Länder vertreten. Dieser Porträtband konzentriert sich überwiegend auf Mittel-, West- und Nordeuropa. Doch die Arbeit geht weiter, Ost- und Südeuropa werden dazukommen.

Endlich, im Sommer 2001, kann ich mit dem Fotografieren beginnen. Marion Gräfin Dönhoff ist eine der Ersten. Ich weiß, dass sie schwer krank ist. Und auch sie ahnt wohl, dass dies ihr letzter Fototermin sein würde. Als ich mein Stativ im Wohnzimmer vor dem Gobelin aus Ostpreußen aufbaue, geht ein heftiges Gewitter los. Blitze zucken über den Schreibtisch mit den Fotos von Schloss Friedrichstein. Die Freunde aus dem Widerstand, die ostpreußischen Landschaften, die Wildgänse auf den schwarz-weißen Fotografien leuchten in dramatischem Blau. »Siebenschläfer«, sagt Gräfin Dönhoff. »Das kommt von den Bauern.« Bei meinem ersten Termin vor über zehn Jahren war sie ungeduldig gewesen. Als ich damals mehrfach auf den Auslöser drückte, knurrte sie: »Früher hatte man nur eine einzige Glasplatte, da musste das auf Anhieb sitzen.« Heute herrscht eine ganz andere Stimmung. Gräfin Dönhoff ist konzentriert und intensiv. »Früher habe ich auch fotografiert«, sagt sie. »Fotografieren und Reiten. Das, was man nicht braucht. Das gehört zu meinem ersten Leben. In meinem zweiten war dafür kein Platz mehr.« Als ich mich verabschiede, weiß ich, dass ich sie nie mehr wiedersehen werde.

In den folgenden Monaten reise ich kreuz und quer durch Europa. Von Polen nach Süditalien, von Ungarn in die Bretagne. Vor jedem einzelnen Termin versuche ich, so viel wie möglich über die Menschen zu erfahren. Ich lese über sie und von ihnen, befrage andere, schaue mir ihre Umgebung an. Meine Vorstellungen aber werden oft korrigiert, manchmal auch ganz über den Haufen geworfen, sobald wir uns begegnen. Manchmal habe ich für die Fotos einen halben Tag Zeit, oft aber auch nur eine Stunde. Bei Frauen in Spitzenpositionen mit einem engen Zeitkorsett ist es manchmal schwer, die Routine der Selbstdarstellung zu durchbrechen.

Wirklich interessant wird es, wenn die Frau, die ich fotografiere, die Offenheit hat, sich meinem Blick gelassen zu stellen, und trotzdem ganz sie selbst bleibt. Die Astronautin Claudie Haigneré hatte ich mir immer mit Sternen im Hintergrund vorgestellt. Als ich dann einen Tag vor dem Termin das europäische Trainingszentrum der ESA

für Astronauten in Köln besichtige, entdecke ich einen russischen Raumfahreranzug aus den 1970er Jahren in einer Vitrine. Es kostet mich einige Überredung, dass das wertvolle Stück aus dem Glaskasten genommen wird. Und weitere Überredung, dass Claudie Haigneré sich in genau diesem Anzug in das Ginstergestrüpp stellt, das das Trainingszentrum umgibt. Erst viel später erfahre ich, dass Ginster eine der ersten Pflanzen auf der Erde, eine Art Urpflanze ist. Auch die Astronautin ist im Nachhinein zufrieden mit den Fotos und der Interpretation ihres Berufes.
Es gibt Termine, bei denen einfach alles anders läuft, als ich es mir vorgestellt hatte. Der Termin mit Simone Veil war so einer. Ich hatte vorgeschlagen, sie zu Hause zu fotografieren. Madame Cosson, ihre Sekretärin, hatte nur matt abgewinkt. Also stehe ich Punkt 11 Uhr im Büro in der Rue du Rome, 5ème étage. Die Sekretärin erblasst. Hatte mich denn – um Himmels willen – die Nachricht nicht erreicht? Simone Veil wollte jetzt doch zu Hause fotografiert werden und wartete dort auf mich. Und Madame Cosson hatte mich noch angerufen. Aber nicht mobil, sondern offenbar auf dem Anrufbeantworter. Ich sehe es ihrem Gesicht an: Eine Katastrophe bahnt sich an. Zehn Minuten später ist Simone Veil im Büro. Die Explosion entlädt sich. Ich nehme alles auf mich. Wahrscheinlich hatte ich es falsch verstanden. Mit meinem Französisch steht es ja auch wirklich nicht zum Besten. Trotzdem, die Stimmung ist im Keller. Jetzt ist alles egal. Todesmutig schlage ich Simone Veil vor, wieder zurück in ihre Wohnung zu fahren. Zu meiner Überraschung willigt sie ein – immer noch verstimmt.
In der Wohnung im siebten Arrondissement mit Blick auf den Invalidendom frage ich sie: »Gibt es einen Gegenstand, der für Sie wichtig ist?« Sie schaut mich überrascht an. Dann steht sie auf und geht aus dem Zimmer. Kommt kurz darauf mit einem Kästchen aus Holz zurück. »Das gehörte meiner Mutter.« Ich frage, ob ich es öffnen darf. Ein Kinderauto aus Blech, eine handgenähte Puppe, Anstecker, ein Schlüssel. Überreste einer verlorenen Kindheit. Ich frage, wie diese Jahre für sie waren, die sie im Nachkriegsdeutschland verbracht hat. Eine Überlebende aus Auschwitz in Wiesbaden, in den 1950er Jahren, in dem Land, das ihre Eltern deportiert und ermordet hat. Es war keine leichte Zeit. Inzwischen ist ihre Wut auf mich verraucht, und das Kästchen steht offen vor uns.
Langsam geraten mir die Sprachen durcheinander. In Polen spreche ich mit der Bildhauerin Magdalena Abakanowicz Deutsch. In Ungarn mit der Opernsängerin Ilona Tokody Italienisch. Und in Oslo mit der Juristin Eva Joly Französisch. Nur in Großbritannien wird Englisch, und nichts als Englisch gesprochen. Als ich an einem heißen

14. Juli 2003 (Ist heute nicht Nationalfeiertag in Frankreich?) auf Gleis 9 3/4 der Victoria Station den Zug nach Arundel besteige, fahre ich zwar nicht zur Hogwarts School of Witchcraft and Wizardry, aber zu einem ähnlich prachtvollen Anwesen. Anita Roddick, die Gründerin der Body-Shop-Kette, hatte nach drei Absagen doch noch einem Treffen zugestimmt.

Ich fahre die sehr breite Auffahrt hoch zum Roddick'schen Landsitz. Anita Roddick ist barfuß, der Empfang herzlich, und wir haben den ganzen Nachmittag Zeit. Ein gigantisches Haus, Springbrunnen und Skulpturen und akkurat geschnittene Buchsbäume, eine Anlage wie eine Kulisse. Als sie erwähnt, dass ihre Mutter drei Orte weiter wohnt, entscheiden wir uns spontan für gemeinsame Fotos mit der Mutter in dem Haus, in dem Anita aufgewachsen ist. »Ich habe ihr ein Haus nebenan gebaut, aber sie findet es bei mir zu ungemütlich.« Irgendwie verständlich. »Keine Farben, keine Blumen«, beschwert sich die italienische Mutter in der Tat und zeigt mir ihren kleinen bunten Innenhof mit Geranien und Hollywoodschaukel. Aber stolz ist sie auf die Tochter und erzählt, begleitet von Anita Roddicks liebevoll-enervierten Versuchen, ihre Mutter zu bremsen (»Yes, mom«), eine Kinderheldinnenstory nach der anderen: Wie Anita aus der Schule kam und einem armen Mädchen ihre Kleidung schenkte. Wie Anita einmal die Woche zu den Obdachlosen ging. Am späten Nachmittag dann ein Empfang der besten Body-Shop-Manager Englands. Einige haben Fotoapparate mitgebracht, um sich mit der Chefin fotografieren zu lassen. Interessant, Anita Roddick, eine der erfolgreichsten Unternehmerinnen der Welt, stellt fast nur Fragen. Eine offene und entspannte Atmosphäre. Knapp erreiche ich um 21 Uhr meinen letzten Zug nach London.

15 Uhr. Tarja Halonen betritt das Damenzimmer. Ich verstehe auf Anhieb, warum 94 Prozent aller Finnen und Finninnen diese Frau zur Präsidentin haben wollen. Warum sie vermutlich der beliebteste Politiker der Welt ist. Keine Arroganz, kein Machtgehabe, nichts scheint falsch an ihr. »Soll ich mich schminken?«, fragt sie und schaut mich ratlos an. Ich nicke. Im Damenzimmer hängen die Bilder der Ehefrauen aller ehemaligen Präsidenten von Finnland. »Ja, wir haben einen Raum für die Frauen von allen«, Halonen lacht breit. »Euer Kanzler braucht allein für seine Frauen ein ganzes Zimmer.« Jetzt hängt auch ein Mann da. Der Ehemann von Tarja Halonen. »Theoretisch ist er emanzipiert. Aber er ist der typische Mittelklasse-Mann«, mault die aus einer Arbeiterfamilie stammende Präsidentin und betrachtet das Ölgemälde kritisch. »Der macht nicht das, was die Ehefrauen für ihre Präsidenten tun. Keine schönen Dinner

und so. Und Blumen nimmt der auch nicht entgegen, die drückt er dann immer mir in die Hand, so griesgrämig. Aber jetzt gebe ich sie ihm einfach zurück und sage: Also, ich muss jetzt da 'rauf und 'ne Rede halten.«

Als ich eine Stunde später die Lampe durch den Regen zurücktrage, habe ich das Gefühl, diese Situation schon einmal erlebt zu haben. Irgendwann war da etwas mit einer Lampe … einer Lampe … einer Lampe … Damals hatte ich ebenfalls exakt eine Stunde Zeit. Ich bin 23 Jahre alt und habe einen der ersten Fototermine meines Lebens – und weiß noch nicht, dass ich an diesem Tag die letzten Fotos von Simone de Beauvoir machen werde. Sie stirbt drei Wochen später. Doch an diesem Tag sitzt sie sehr lebendig auf dem Sofa in der Rue Schoelcher Nummer 11 und wartet. Und meine Hedler-Lampe passt nicht in die Steckdosen. Denn die sind in dem Apartment von Beauvoir seit dreißig Jahren nicht erneuert worden. Alice Schwarzer, die mir den Termin vermittelt hat, rast in den Hausflur. Sie klingelt Sturm bei den Nachbarn, mit fliegenden Haaren und der Verlängerungsschnur in der Hand. Die ziehen es vor, nicht zu öffnen. Simone de Beauvoir sitzt auf dem Sofa und trommelt mit den Fingern auf die Tischplatte. Es endet so, dass Alice auf dem Boden liegt und den Stecker in die Dose presst. Die Lampe brennt, und Beauvoir lächelt. Die Locken von Schwarzer ragen bei einem der Fotos ins Bild.

Als ich vor drei Jahren das Projekt begann, konnte ich nicht ahnen, auf was für ein Abenteuer ich mich einlassen würde. All die starken und mutigen Frauen im Osten, Westen, Norden und Süden des Kontinents. All die Lebensgeschichten, die von den alltäglichen Widerständen erzählen. Und von deren Überwindung. All die Kühnheit der Gedanken und der Taten. Das Abenteuer der Frauen in Europa hat gerade erst begonnen.

Köln, Januar 2004

MAGDALENA ABAKANOWICZ

POLEN

MAGDALENA ABAKANOWICZ KÜNSTLERIN

Magdalena Abakanowicz wurde 1930 bei Warschau geboren und gilt als die bedeutendste zeitgenössische Künstlerin Polens. – Abakanowicz stammt aus einer von den Kommunisten enteigneten alten Adelsfamilie. Nach dem Studium an der Kunstakademie von Warschau erregt sie ab 1955 erstes Aufsehen mit monumentalen Gouachen. Sie lernt Weben, baut einen eigenen Webstuhl für raues Material und entwickelt eine eigene Webtechnik. Aus ihrem Webstuhl wachsen die *Abakans*: gigantische, schwebende, von den Decken hängende Skulpturen aus Tau, Sackleinen und Rosshaar, mit denen die Polin ab Mitte der 1960er Jahre international Aufsehen erregt. Als Höhepunkt dieser Periode gilt die aus 600 Objekten bestehende *Embryologie*, die 1980 im polnischen Pavillon auf der Biennale von Venedig gezeigt wird. Ihren Ruhm begründen Einzelausstellungen in der ganzen Welt: von Düsseldorf, London, Los Angeles und New York bis Tokio. Ab 1986 vermischt Abakanowicz die Naturstoffe mit Bronze und produziert Abformungen von Menschen- und Tiergesichtern für ihre Werkgruppe *Inkarnationen*. Ihre Installationen werden zunehmend weiträumig und brechen aus den Häusern aus. In den Weinbergen bei Florenz wird 1985 ihr 33 überlebensgroße Bronzefiguren umfassender Zyklus *Katharsis* installiert. Um 1980 entwickelt Abakanowicz für eine Pariser Vorstadt zusammen mit Architekten eine Art Baumstadt. Der Entwurf wurde prämiert, aber nicht realisiert. Sie lehrt von 1965 bis 1990 als Professorin an der Kunsthochschule Posen. In ihren jüngeren Arbeiten spielen Natur und vor allem Bäume eine zunehmende Rolle. Die Künstlerin ist verheiratet und lebt in Warschau. – Bettina Flitner fotografierte Magdalena Abakanowicz im Februar 2001 in einer Gießerei in Düsseldorf und im Februar 2002 in ihrem Atelier in Warschau.

CHANTAL AKERMAN

FRANKREICH/BELGIEN

CHANTAL AKERMAN FILMEMACHERIN

Chantal Akerman wurde 1950 als Kind ostjüdischer Emigranten in Brüssel geboren. Sie gilt als die bedeutendste Filmemacherin ihrer Generation. – Die Spanne von Akermans Arbeit ist weit: Sie reicht von experimentellen und Dokumentarfilmen bis zur Hollywoodkomödie *(Eine Couch in New York)*. Berühmt wird die damals 24-Jährige 1974 mit dem Spielfilm *Jeanne Dielmann*, dem »ersten weiblichen Meisterwerk in der Geschichte des Films« *(Le Monde)*. Der Film zeigt in monotonen Bildern drei Stunden lang drei Tage im Leben einer Brüsseler Witwe, gespielt von Delphine Seyrig. Jeanne Dielmann prostituiert sich im verwaisten Ehebett, um das Haushaltsgeld aufzubessern. Das private Drama wird öffentlich, als sie einen Freier, bei dem sie unerwartet Lust empfindet, mit der Schere ersticht. Der Film gilt als Chiffre für weibliche Entfremdung und Käuflichkeit, die Regisseurin selbst versteht ihn vor allem als »Hommage an meine Mutter«. Die hat mit ihrer Tochter nie über ihre Zeit im KZ gesprochen. Reden ließ Akerman 1988 Jüdinnen und Juden in ihrem dokumentarisch inszenierten Spielfilm *Histoires d'Amérique*: Sie tauchen aus einer nächtlichen Kulisse wie Erscheinungen auf und tragen auf absurde und ergreifende Weise ihre Geschichten vor. Fünf Jahre später dreht Akerman in Belgien den ebenfalls autobiografisch geprägten Spielfilm *Portrait d'une jeune fille, de la fin des années 60 à Bruxelles*. Er erzählt die Adoleszenz eines jungen Mädchens, das dreifach fremd ist in der Heimat: als Frau, als Jüdin, als Homosexuelle. In einigen der früheren Filme, die manchmal an die Grenze der Selbstentblößung gehen, spielt Akerman auch selbst. Sie machte von 1968 bis heute rund 25 Filme. – Bettina Flitner fotografierte Chantal Akerman im Februar 2003 in ihrer Wohnung in Paris.

SWETLANA ALEXIJEWITSCH

WEISSRUSSLAND

SWETLANA ALEXIJEWITSCH SCHRIFTSTELLERIN

Swetlana Alexijewitsch wurde 1948 in dem ukrainischen Dorf Iwano-Frankowsk geboren. Sie gilt als »Chronistin des Leidens« und »Poetin der gesprochenen Sprache«. – Die Lehrerstochter studiert Journalistik in Minsk. Von Beginn ihres Lebens an sind die Schrecken des Krieges allgegenwärtig: Elf Angehörige werden Opfer der nationalsozialistischen wie der stalinistischen Schergen. Ihnen widmet sie ihr Buch *Die letzten Zeugen*, in dem die überlebenden Frauen erzählen. Ihre Methode ist die journalistische Recherche und die literarische Verdichtung zu Monologen. 1985 veröffentlicht sie *Der Krieg hat kein weibliches Gesicht* und gibt den bis dahin vergessenen Armeehelferinnen, Soldatinnen und Partisaninnen eine Stimme. International bekannt wird Alexijewitsch in den 1990er Jahren mit ihrem Buch *Zinkjungen*, das in 19 Ländern erscheint. Es geht darin um die sowjetischen Soldaten im 1989 verlorenen Afghanistankrieg, die Täter und Opfer zugleich waren. Gefragt nach dem »Warum« ihrer Themen, antwortet sie: »Ich bin eine Geisel meiner Zeit. Wer im Irrenhaus lebt, schreibt und redet nur darüber.« 1997 erscheint auf Deutsch *Tschernobyl*, das bis heute in Russland nicht veröffentlicht ist. Es ist das Resultat einer langen, gefährlichen Recherche in der verseuchten Region, in der Mensch, Tier und Natur zum Sterben verurteilt sind. Auch Ljudmila Ignatenko, die Frau des Feuerwehrmannes Wassili, die ihren Mann trotz des Verbots der Ärzte noch einmal umarmt hat. Hochschwanger. Das verstrahlte Kind stirbt. Alexijewitsch lässt sie monologisieren: »Ich weiß nicht, was ich erzählen soll … vom Tod oder von der Liebe? Oder ist das ein und dasselbe?« Das nächste Buch der Autorin soll von der Liebe handeln. Sie lebt zurzeit in Paris. – Bettina Flitner fotografierte Swetlana Alexijewitsch im Juni 2001 im Bahnhof von Bochum.

LETIZIA BATTAGLIA

ITALIEN

LETIZIA BATTAGLIA FOTOGRAFIN UND MAFIAJÄGERIN

Letizia Battaglia wurde 1935 in Palermo geboren. Sie ist eine der unerschrockensten Kämpferinnen gegen die sizilianische Mafia und hat ihre Kamera zur Waffe gemacht und sich aktiv in der Politik engagiert. – Letizias Leben beginnt traditionell. Mit 15 wird sie zwangsverheiratet, mit 36 flieht sie mit ihren drei Töchtern nach Mailand, nicht zufällig im Jahr der »Donne in Rivolta«. 1974 kehrt sie zurück in ihre Heimat, das Herz des organisierten Verbrechens und der Korruption. Battaglia, deren Lebensgefährte Fotograf ist, beginnt, den Terror zu dokumentieren. Sie zeigt die zerfetzten Opfer und die vom Schmerz zerrissenen Hinterbliebenen – und sie zeigt auch die Täter, erstmals. Es ist ein Foto von ihr, das den damaligen Präsidenten Andreotti überführt: Es zeigt ihn in trauter Zweisamkeit mit dem Mafioso Nino Salvo. Nun geht Battaglia noch weiter und veröffentlicht eine Namensliste aller Mafiosi. »Damals dachte ich: Jetzt bringen sie dich um.« Längst ist ihr Fotoarchiv nach Paris geschafft, in Sicherheit. Sie wird bedroht, aber hält stand. Ihre *Mezzocielo* (»Die Hälfte des Himmels«) wird in den 1980er Jahren zu einem Forum für Frauen gegen die Mafia. 1985, im so genannten »sizilianischen Frühling«, zieht Battaglia als Abgeordnete in den Stadtrat von Palermo und leitet zehn Jahre lang das »Amt für urbane Lebensqualität«. 1992 sprengt die Mafia den Chefankläger Paolo Borsellino in die Luft. Der Höhepunkt des Terrors ist erreicht. Von da an ändert die Mafia ihre Strategie: Sie bekämpft den Staat nicht mehr, sie unterwandert ihn. 2001 siegt die Mitte-Rechts-Allianz von Präsident Silvio Berlusconi auch in Sizilien. Battaglia resigniert, fast. Bis heute werden ihre Fotos in der ganzen Welt gezeigt. Ihre jüngste Tochter Shorba ist Fotografin geworden. – Bettina Flitner fotografierte Letizia Battaglia im März 2002 in Palermo.

PINA BAUSCH

DEUTSCHLAND

PINA BAUSCH TANZTHEATERMACHERIN

Pina Bausch wurde 1940 in Solingen bei Wuppertal geboren. Sie revolutionierte ab Mitte der 1970er Jahre das Ballett und gilt seither als die international bedeutendste Tanztheatermacherin. – Die Begabung der Gastwirtstochter wird früh erkannt. Sie geht mit 15 auf die renommierte Essener Folkwangschule und von dort nach New York. 1973 übernimmt sie die Leitung des Wuppertaler Balletts – und macht es innerhalb von zwei, drei Jahren zu dem weltberühmten »Tanztheater«. Bausch bricht radikal mit dem traditionellen Tanz und setzt ganz auf Körpersprache. Was ihrem lokalen Publikum nicht immer gefällt. In psychodramatischen Sitzungen mit ihrer Truppe entwickelt sie die zu einer Collage zusammengefügten Szenen, die das Innere des Menschen nach außen wenden und Gefühle wie Angst und Einsamkeit, Liebe und Hass sichtbar machen. In ihren frühen Stücken, wie in *Blaubart, Kontakthof* oder *Café Müller*, thematisiert sie die Fremdheit und den Kampf der Geschlechter. Bei aller Heftigkeit sind die Stücke »verwegen ausbalanciert zwischen Kunst und Trivialität, Desillusionierung und Pathos« und arbeiten mit der »Wiederholung als Stilprinzip« *(Westermanns Monatshefte)*. 1980 stirbt überraschend ihr Arbeits- und Lebensgefährte, der Bühnenbildner Rolf Borzik. 1981 bekommt sie einen Sohn, Rolf Salomon, aus einer neuen Verbindung mit einem Deutsch-Chilenen. Zu dieser Zeit sind ihre künstlerischen Weichen gestellt: Sie geht den begonnenen Weg weiter, doch ihr Ton wird versöhnlicher und ihre Truppe internationaler, was mit den weltweiten Gastspielen und Koproduktionen zu tun hat. Bausch hat mit ihrer Arbeit den Blick von Menschen auf Menschen verändert. – Bettina Flitner fotografierte Pina Bausch im Januar 1987 in ihrem Wuppertaler Probenraum und im Juni 2002 bei einer Aufführung in Wuppertal.

DEUTSCHLAND

FRANZISKA BECKER KARIKATURISTIN

Franziska Becker wurde 1949 in Mannheim geboren. Sie ist seit langem eineR der prägenden KarikaturistInnen Europas. – Die Tochter eines Arztes und Urenkelin eines Malers »kritzelte schon früh«. Aber Kunst scheint den Eltern, bei aller Liberalität, nun doch kein Beruf. Becker studiert zunächst »kurz« Ägyptologie, lernt dann »kurz« medizinisch-technische Assistentin und geht ab 1972 auf die Kunstakademie Karlsruhe (Lehrer: Markus Lüpertz). 1976 wird sie von EMMA noch vor Erscheinen der ersten Ausgabe als Cartoonistin entdeckt und ist bis heute in jeder Ausgabe des Magazins präsent. Seither hat sie insgesamt 16 Bücher und in zahlreichen Publikationen veröffentlicht. Sowohl ihr Feministischer Alltag oder Feminax und Walkürax (eine weibliche Parodie auf Asterix und Obelix) wie auch Tierisch oder Männer wurden Bestseller. Ihre Themen sind: die Frauenbewegung und alternative Szene, der Zeitgeist, Psycho, Politik und immer wieder die »neuen Tussis und die alten Machos«. »Geradezu beleidigend unangestrengt nimmt sich Franziska Becker hin und wieder auch die Männer vor« (Titanic). Ihr Stil ist stark malerisch, und es ist darum nicht überraschend, dass sie seit den 1990er Jahren auch als Malerin arbeitet und ausstellt. Zu Beckers früher Inspiration gehören Wilhelm Busch und Mickey Mouse, heute versteht sie sich in der Tradition der englischen Karikaturisten des 18. Jahrhunderts, deren Palette ganz wie die ihre von der tagespolitischen Karikatur und pointierten Illustration bis zur satirischen Kurzgeschichte reichte. Der Blick der Cartoonistin ist liebevoll und gemein zugleich, immer aber unbestechlich und anarchistisch. – Bettina Flitner fotografierte Franziska Becker im September 2003 in Köln und im Bergischen Land.

CHRISTINE BERGMANN

DEUTSCHLAND

CHRISTINE BERGMANN POLITIKERIN

Christine Bergmann wurde 1939 in Dresden geboren. Als SPD-Frauenministerin förderte sie 2001/2002 dieses Fotoprojekt über Europäerinnen. – Christine Wange ist fünf Jahre alt, als über ihr, ihren Brüdern und ihrer Mutter die Bomben von Dresden niedergehen. Das Inferno wird sie lebenslang prägen. Nach dem frühen Tod des Vaters bringt die Mutter die Kinder mit Schneidern durch. »Dabei achtete sie streng auf Gerechtigkeit: Die Brüder mussten genauso viele Kartoffeln schälen. Und ich stand auch im Fußballtor.« In der Familie herrscht in der DDR-Zeit eine offene, regimekritische Atmosphäre. Die junge Frau studiert Pharmazie, arbeitet als Apothekerin und schreibt ihre Doktorarbeit mit fünfzig, als die Kinder groß sind. In der DDR engagiert sie sich in der evangelischen Kirchenarbeit und tritt bei der Wende 1989 in die SPD ein, wo sie einen Senkrechtstart macht. Als Berliner Bürgermeisterin ist sie »der beliebteste Politiker« der Stadt. Sie gilt als »geradlinig und couragiert, aber auch kompromissbereit«. Legendär ist ihre Begegnung mit dem chinesischen Ministerpräsidenten Li Peng im Juli 1994 in Berlin, den sie so lange mit dem Problem der Menschenrechtsverletzungen in China traktiert, bis der das Gespräch abbricht. In der Regierung von Kanzler Schröder hat Bergmann es in den Jahren 1998 bis 2002 nicht immer leicht. Sie wird für das folgende Kabinett nicht mehr aufgestellt und verliert überraschend auch ihr Berliner Direktmandat als Abgeordnete an die PDS. Ihr plötzlicher Abgang aus der Politik wird vor allem in frauenpolitisch engagierten Kreisen bedauert. Bergmann ist mit einem Wissenschaftler verheiratet und hat zwei erwachsene Kinder. – Bettina Flitner fotografierte Christine Bergmann im Juni und September 2001 in Berlin.

ILDA BOCCASSINI

ITALIEN

ILDA BOCCASSINI STAATSANWÄLTIN

Ilda Boccassini wurde 1950 in Neapel geboren. Die »rote Ilda« gilt als Symbol für den Kampf gegen die Mafia und ist eine der »hundert einflussreichsten Frauen der Welt« *(Time Magazine)*. – Der Tochter und Enkelin von Anwälten wird »das Gesetzbuch in die Wiege gelegt«. Sie studiert Jura und stößt in ihrer Heimatstadt zwangsläufig auf die Mafia. Ab 1984 arbeitet sie in Mailand mit dem Chefankläger gegen die Mafia, Giovanni Falcone, zusammen. Das Duo fängt an, die Mafia nervös zu machen. Am 24. Mai 1992 wird Falcone mit einer 700 Kilo schweren Autobombe in die Luft gejagt. Boccassini klagt ihre Kollegen an: »Ihr habt Giovanni auf dem Gewissen mit eurer Gleichgültigkeit!« Sie macht sich auf die Suche nach den Mördern ihres Kampfgefährten. Drei Jahre lang sieht sie die Familie, Mann und zwei Kinder, nur noch an Wochenenden, ihre Wohnung wird permanent bewacht. Irgendwann reicht ihr Mann die Scheidung ein. 1995 ist sie am Ziel: Fünfzig Mafiosi der Cosa Nostra sitzen auf der Anklagebank, darunter der meistgesuchte der Welt: Salvatore Riina. Giovanni Falcones Mörder sind gefasst. Jetzt stellt Boccassini sich einer neuen, nicht minder heiklen Aufgabe: dem Beweis, dass Staatspräsident Berlusconi in Korruption verwickelt ist – oder mehr. 1996 lässt sie Wanzen in die Aschenbecher einer römischen Bar einbauen und kann mithören, wie sich zwei Richter mit dem Anwalt Berlusconis darüber unterhalten, wie hoch der Preis für einen wohlwollenden Richterspruch sei. Boccassini wird zur Chefanklägerin gegen Berlusconi. Der Präsident und Medienzar lässt in seinen Blättern Informationen und Fotos über Boccassinis Lebensgewohnheiten veröffentlichen und entzieht ihr gleichzeitig die Bodyguards. Ende offen. – Bettina Flitner fotografierte Ilda Boccassini im April 2002 in ihrem schwer bewachten Büro in Mailand.

GRO HARLEM BRUNDTLAND

FRANKREICH/NORWEGEN

GRO HARLEM BRUNDTLAND POLITIKERIN

Gro Harlem Brundtland wurde 1939 in Oslo geboren. Im Jahre 1981 war sie mit 41 Jahren Europas jüngste und erste Regierungschefin (nach Vigdis Finnbogardsdottir im kleinen Island) und bis 2003 Direktorin der Weltgesundheitsorganisation (WHO). – Vatertochter Gro studiert Medizin in Harvard und geht dann in die Politik, ganz wie der Vater. Rasch wird sie, als erste Frau und erste Akademikerin, Vorsitzende der Arbeiterpartei. Die Gynäkologin setzt sich für das Recht auf Abtreibung ein und hält ihren Kontrahenten entgegen: »Frauen haben in diesem Land ungeheuer lange ungeheuer viel Geduld gehabt.« In dem 18-köpfigen Kabinett der als pragmatisch geltenden Präsidentin Brundtland sitzen 1981 und zwischen 1986 und 1996 acht Frauen. In dieser Zeit kursiert im Land ein Witz: Auf die Frage eines Mädchens, was er mal werden will, antwortet ein kleiner Junge: »Premierminister!« Antwortet das Mädchen: »Das kannst Du gar nicht, das kann doch nur eine Frau.« Brundtland legt Wert auf die Präzisierung: Die Geschichte ist wirklich passiert! Ihr Weg als Politikerin ist von extremen Höhen und Tiefen gekennzeichnet. Nach dem Selbstmord ihres Sohnes Jorgen legt sie 1992 unter Tränen den Parteivorsitz nieder, bleibt aber Regierungschefin. Bei den Wahlen im Jahr darauf erleidet die beliebte »Mutter Norwegens« wegen ihres Bekenntnisses zur EU große Stimmverluste. 1996 tritt sie als Regierungschefin zurück. Von 1998 bis 2003 leitet Brundtland die Weltgesundheitsorganisation. Auf die Frage, wie sie ihre politische Karriere mit ihren vier Kindern vereinbart hat, antwortet sie: »Ohne meinen Mann (einen Journalisten) wäre das nicht möglich gewesen. Er war bereit, Mitverantwortung zu übernehmen.« Heute lebt sie in Nizza und Norwegen. – Bettina Flitner fotografierte Gro Harlem Brundtland im Juli 2002 in Genf am WHO-Hauptsitz.

CHRISTA DE CAROUGE

SCHWEIZ

CHRISTA DE CAROUGE MODEMACHERIN

Christa Furrer wird 1936 in Basel geboren und wächst in Zürich auf. Sie ist mit ihrem barock-puristischen Stil eine der eigenwilligsten europäischen Designerinnen. – Der Vater ist Gastwirt, die Mutter Schneiderin, die Tochter wird Grafikerin. Durch den Ehemann gerät sie in die Modebranche und eröffnet, lange nach der Scheidung, 1978 ihr erstes Atelier in dem Genfer Vorort Carouge. Label: Christa de Carouge. Von Beginn an macht sie »Kleider für Frauen, die in ihrem Körper zu Hause sind«. Eine Art Anti-Mode, nicht für eine Saison, sondern fürs Leben. Ihre Kleider formen nicht den Körper, sondern geben ihm Raum und Wohlbefinden. Sie sind keine Mode, sie sind ein Lebensstil, »Loftfeeling« eben. Ihre Materialien sind natürlich und edel, die Schnitte nur scheinbar schlicht. Ihre Seiden-, Woll- und Baumwollstoffe kommen meist aus der Schweiz, manchmal aber auch aus Peking oder Marrakesch. Ihre Farbe ist das Schwarz. Schwarz wie einst die Kleidung der Tanten vom Land, Schwarz wie der Existenzialismus, »Schwarz Provok«. Sie sagt: »Schwarz ist die Konzentration auf das Wesentliche.« Nur manchmal taucht in ihrer Kollektion ein tibetanisches Rot oder ein gedecktes Weiß auf. Ein Modeschöpfer, der ihr imponiert? Yoshi Yamamoto. »Die Japaner sind die Meister des Materials und der Bequemlichkeit.« Sie reist viel und hat »in Tibet das Meditieren gelernt«. Immer ist sie mit kleinem Gepäck unterwegs; ihre Kleider, Mäntel, Schals passen zu allen Gelegenheiten und in minimalistische Reisetaschen – selbst entworfen, versteht sich. Heute hat Carouge ein Atelier mit rund einem Dutzend Mitarbeiterinnen und zwei Läden in Genf und Zürich. Sie kreiert auch für Tanz und Theater, macht Workshops und Ausstellungen. – Bettina Flitner fotografierte Christa de Carouge im Juli 2002 in ihrem Atelier in Zürich.

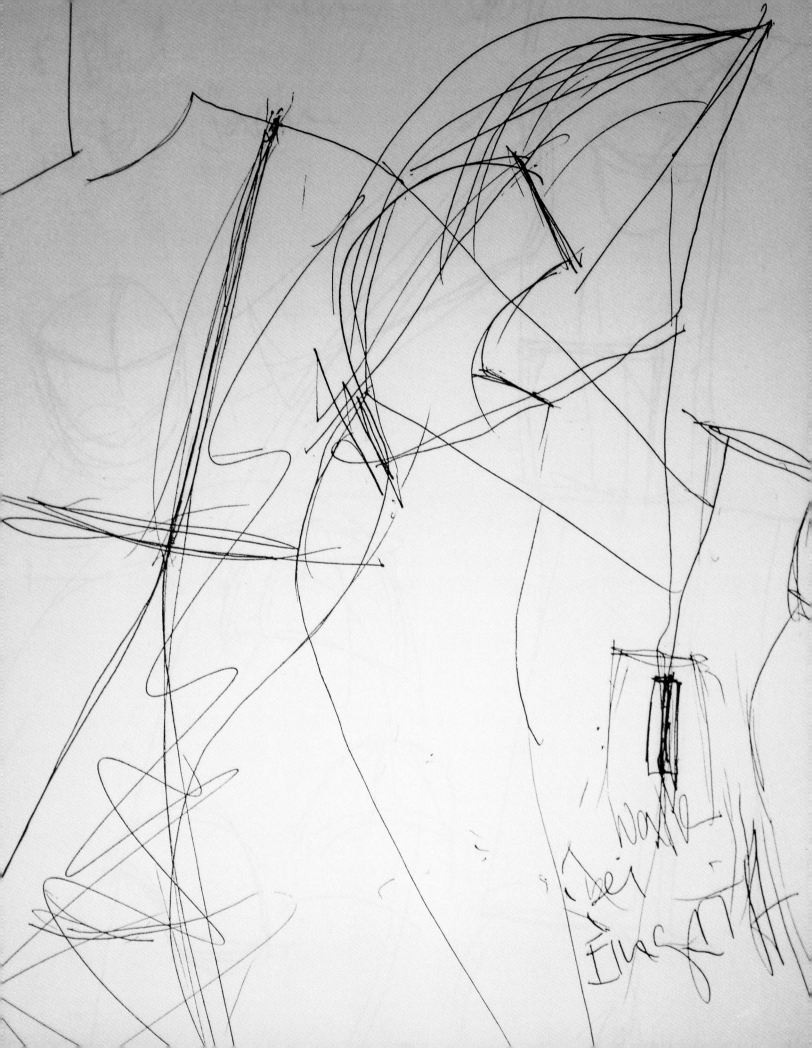

TERESA BARONESSA CORDOPATRI

ITALIEN

BETTINA FLITNER EIN BESUCH BEI BARONESSA CORDOPATRI

»Rufen Sie die Guardia di Finanza an, und bestellen Sie meine Leibwächter, sonst können wir nicht auf die Straße gehen.« Die feine Stimme am anderen Ende der Leitung dringt aus dem südlichsten Süden von Italien in mein Kölner Atelier. »Und – Sie müssen von Ihrem Telefon aus anrufen, morgen früh.« Es klickt, die Verbindung ist unterbrochen. Schon oft habe ich mit dieser Stimme telefoniert. Schon oft habe ich an eine von ihr angegebene Faxnummer in holprigem Italienisch Erklärungen geschickt und gehofft, dass sie mir vertraut. Mittlerweile habe ich mich an all diese merkwürdigen Anweisungen gewöhnt.

Selbstverständlich rufe ich bei einer mir unbekannten Polizeistelle irgendwo in Kalabrien an. Ganz und gar selbstverständlich bestelle ich für den 20. März 2002 bewaffnete Leibwächter für Baronessa Cordopatri. Und natürlich bestätige ich, dass niemand außer der Baronessa auf meinen Fotografien zu erkennen sein wird. Wie sie selber aussieht, kann ich auf dem streifigen Fax einer Kollegin aus Rom nur erahnen. Das Zeitungsfoto einer älteren Dame mit weißem Haar. Ihre Geschichte: atemberaubend.

Ich solle von meinem Handy aus anrufen, wenn ich da bin. Reggio di Calabria. Das Zentrum sieht aus wie eine Kurstadt aus dem 19. Jahrhundert. Zweistöckige Häuser, eine Palmenallee, die Straßen weiß gefegt. Auf der Strandpromenade gemächliches Schlendern. Das Hotel Miramare allerdings hat einmal bessere Tage gesehen, viel bessere. Eine Empfehlung der Baronessa. Es muss einige Zeit vergangen sein, seit sie in diesem ehemals ersten Haus am Platze verkehrt hat.

Guiseppe, ihr Neffe, holt mich um 18 Uhr ab. Täusche ich mich, oder zuckt die Frau an der Hotel-Rezeption leicht zusammen, als er seinen Namen nennt? Formvollendet hält er mir die Tür seines alten klapprigen Golfs auf. Wir fahren nur einige Meter, dann sind wir da, vor dem Haus der Baronessa. Von außen eine ganz normale Holztür. Als er sie öffnet, stehen wir vor einem Stahlkäfig. Der Durchmesser der Stangen: armdick. Wir gehen die Holzstiegen hinauf. Kurz vor der Wohnungstür im ersten Stock der zweite Käfig. Ein stählerner Hochsicherheitstrakt in einem Jahrhundertwendehaus.

Am 10. Juli 1991 tritt aus diesem Haus die Baronessa mit ihrem Bruder Antonio auf die Via d'Annunzio, morgens um halb zehn. Antonio steigt ins Auto, zündet sich eine

Zigarette an. Ein Knall zerfetzt die morgendliche Stille. Dann ein zweiter, ein dritter Schuss. Die Baronessa sieht ihren Bruder, wie er nach vorne auf den Beifahrersitz sinkt. Sie sieht die Zigarette aus den Lippen gleiten. Sie sieht das Blut aus dem Mund laufen. Der Killer setzt ein viertes Mal an und zielt auf die Baronessa. Er drückt ab. Die Kugel bleibt stecken. Der Mörder flieht, die Baronessa hinterher. Sie stellt den Mann zusammen mit zwei Carabinieri, die ihn für einen Handtaschenräuber halten. Denn dass jemand einem Mafia-Killer hinterherläuft, das kann sich in Reggio wirklich niemand vorstellen. Teresa Cordopatri erwartet uns an der Tür. Eine hochgewachsene schlanke Frau mit kurzen grauen Haaren. Wenn ich nicht wüsste, dass sie über siebzig ist, würde ich sie auf Ende fünfzig schätzen. Ihre höfliche Stimme, ich kenne sie gut, bittet mich, im Salon Platz zu nehmen. Sie verschwindet in der Küche, um selbst gemachten Zitronenlikör zu holen.

Ich nehme auf einem großen verblichenen Sofa Platz. Gegenüber ein alter Sekretär mit weißer Spitzendecke. Darauf ein Silberrahmen mit Schwarz-Weiß-Fotografien. Die Mutter mit Hut und Kostüm. Der Vater in Uniform. Er hält den kleinen Bruder auf dem Arm. Lacht in die Kamera. Rechts ein offener Schrank, bis oben hin voll mit Papieren. Die Geschichte der Familie Cordopatri auf Tausenden von vergilbten Blättern. Blatt auf Blatt liegt da, jedes einzelne an seinem Platz und doch Teil des Ganzen. 1200 Jahre Familiengeschichte. Teresa Cordopatris Leben müsste ganz oben liegen auf dem Papierberg, das Leben der allerletzten Cordopatri dei Capece.

Wie lange dieses Leben noch dauern wird, weiß sie nicht. Möglicherweise wissen es andere. Vielleicht ist ihr Leben schon morgen zu Ende. Sie hat sich auf alles eingestellt. »Wir werden dir die Augen ausstechen, dafür, dass du gesehen hast, wir werden dir die Zunge rausschneiden, dafür, dass du gesprochen hast.«

Ja, sie hat gesehen und sie hat gesprochen. Sie hat etwas getan, was man nicht tut in Kalabrien. Schon gar nicht als Frau. Teresa Cordopatri hat den Mörder ihres Bruders und die ganze Verwandtschaft hinter Gitter gebracht, zwanzig Mitglieder der ehrenwerten Familie Mammoliti.

1963 war das Jahr, in dem der Terror in das Leben der Cordopatris trat. Die Familie, Großgrundbesitzer des italienischen Hochadels und seit 1200 Jahren ansässig in Capece, besitzt etwas, das andere haben wollen. Ansehen und Land. Familie Mammoliti, die Nachbarn, bis dahin arm und gesellschaftlich am anderen Ende der Leiter, will die Macht in Castellace. Der Kampf der angemaßten gegen die angestammte Macht beginnt. Die Mammolitis morden und brandschatzen sich nach oben. »Gib oder stirb!«, heißt die

Devise, deren Druck sich schließlich alle Großgrundbesitzer beugen, einer nach dem anderen.

Nach kurzer Zeit besitzen die Ehrenwerten 300 Hektar fruchtbarster Erde. Die letzten, die ihr Land nicht hergeben wollen, sind die Cordopatris. Das können die Mammolitis sich nicht bieten lassen. Erst werden nur die Oliven zertrampelt, dann wird die ganze Ernte gestohlen. Das Landhaus wird geplündert, später bis auf die Grundmauern abgebrannt, die Olivenpressen zerstört. Und schließlich wird scharf geschossen. Der Bruder Antonio gerät 1972 in einen Hinterhalt und entkommt nur knapp einem Attentat. Er erstattet immer wieder Anzeige – vergebens. Als der Vater stirbt, nimmt er Sohn und Tochter auf dem Totenbett das Versprechen ab: »Gebt unser Land nie der Mafia!«

Als der Neffe des Clan-Bosses Mammoliti ein Jahr später nach dem Mord an Antonio Cordopatri quasi versehentlich festgenommen wird, ist er selber vermutlich am meisten überrascht. Einer von mehr als 300 ungesühnten Morden allein in Reggio zwischen 1988 und 1990. Die einzige Zeugin, Baronessa Teresa Maria Rosaria Carmen Rachele di Cordopatri dei Capece, bringt mit ihrer Mischung aus zorniger Trauer und feudaler Unabhängigkeit ein weiteres Dutzend Familienangehörige hinter Gitter.

Im Gerichtssaal von Reggio toben die Männer und Frauen der Mammolitis in den Käfigen. Zum ersten Mal in der Geschichte der »'ndragheta«, der kalabresischen Mafia, sind auch die Ehefrauen angeklagt. Und all dies durch eine Frau. Eine unverheiratete Frau. Eine, die ihr Land allein versorgt. Für die Mammolitis eine einzige Provokation. »Nutte«, »Bastardin« und »Dich kriegen wir«, schallt es ihr entgegen. Die Baronessa steht den tobenden Mördern gegenüber, in schwarzem Kleid und mit Perlenkette, und schaut ihnen schweigend ins Gesicht.

Es folgt die Einsamkeit. Die Verwandten wenden sich ab, die Freunde lassen sich nicht mehr blicken. Die Arbeiter weigern sich, weiter für die Baronessa zu arbeiten. Im Café und beim Friseur wird es plötzlich leer, wenn sie hereinkommt. Auf der Straße wechselt man die Seite. In der 18-Zimmer-Wohnung hallen die eigenen Schritte, im Kopf die Drohungen der Mafia. Sie bekommt sechs Leibwächter, die sie auf Schritt und Tritt begleiten.

1994 schlägt die Finanzbehörde zu. Sie soll Erbschaftssteuer für den Besitz ihres ermordeten Bruders zahlen, Höhe: 200 Millionen Lire, ca. 200 000 Euro. Die Baronessa kauft sich zum ersten Mal in ihrem Leben eine Jeans und macht einen Hungerstreik vor dem Justizministerium. Die Sache erregt Aufsehen, der Innenminister aus Rom muss anreisen, die Steuerschuld wird gestundet. Sie erkämpft sich drei Erntemaschinen,

denn immer noch will niemand für sie arbeiten. Zu dritt, mit ihrer Cousine und ihrem Neffen, holen sie die Ernte ein, vierzig Hektar Land voller Oliven, Zitronen, Orangen. Wir sitzen im Salotto, die Fenster schauen auf die Via d'Annunzio. Die Baronessa balanciert auf einem silbernen Tablett den Zitronenlikör, »selbst gemacht und von unseren eigenen Bäumen«. Ich werde in Augenschein genommen und genau befragt. Baronessa Cordopatri und Neffe Giuseppe sitzen mir auf zwei goldweiß gestreiften Sesseln gegenüber. Das Familienwappen, für Mut und Treue, schwebt über uns. Ich erzähle nochmals von meinem Projekt. Dass ich wichtige Frauen in ganz Europa porträtiere. Dass ich bei meinen Recherchen in Italien von ihr gehört habe. Und dass ich sie fotografieren möchte.
Wir besprechen den Laufplan für den morgigen Tag. Erst will ich sie am Meer fotografieren, dann vor der Kirche, dann im Zentrum von Reggio. Alles muss mit genauer Uhrzeit festgelegt werden. Wir verabreden den Treffpunkt; die »Scorta«, ihre Leibwächter, sind für zehn Uhr bestellt.
Am nächsten Morgen stehen sie dann in der Halle des Miramare. Die bewaffneten Polizisten der Guardia di Finanza, die Baronessa in der Mitte. Armani-Kostüm, schwarze Handschuhe, Sonnenbrille. Mit mir ist ein Team der Deutschen Welle gekommen, das mein Europa-Projekt partiell begleitet. Sie müssen unterschreiben, dass sie die Leibwächter auf den Bildern unkenntlich machen werden.
Ich habe mich nicht getäuscht. Nicht nur die Rezeptionistin, sondern das gesamte Hotel-Personal beobachtet die Baronessa und uns mit kaum verhohlener Abneigung. Als alle Formalitäten geklärt sind, verlassen wir endlich die düstere Empfangshalle. Eine seltsame Formation geht da zum Meer: die Baronessa und ich vorneweg, das Fernsehteam hinterher, um uns die Leibwächter, die den Verkehr stoppen.
Nach den Fotos am Meer gehen wir ins Café. »Danke für Ihre Gastfreundschaft«, sagt die Baronessa beim Bezahlen zu dem Mann hinter der Theke, und ich frage mich, ob das ihre höflichen Umgangsformen sind oder tatsächlich die Dankbarkeit dafür, dass sie hier verkehren darf. Uns fällt auf, dass Giovanni, einer der Leibwächter, eine Menge Leute kennt. Ständig nickt er jemandem zu.
Nun gehen wir ins Zentrum von Reggio. Das fällt der Baronessa sichtlich schwer. Und tatsächlich sehe ich, wie einige dunkle Blicke sie treffen, ihren Gang durch die Stadt aus den Augenwinkeln verfolgen. Erst am Abend erfahren wir Überraschendes. Während wir uns mit der Baronessa und den beiden Leibwächtern allein wähnten, waren wir die ganze Zeit von einem breiten Sicherheitskordon umgeben. Die Männer in den Leder-

jacken am Strand, die unrasierten Bekannten von Massimo vor dem Café, der dunkle Wagen, der die ganze Zeit an der Straßenecke stand. Etwa dreißig Männer waren im Einsatz. Haben das Terrain sondiert, die Straße im Auge behalten, den Automotor laufen lassen. Dass nur ja nichts passiert, wenn die Presse da ist.

Am nächsten Tag reist das Team ab, und ich bleibe allein zurück. Denn ich will unbedingt mit der Baronessa, ihrer Cousine Angelica und dem Neffen Guiseppe nach Capece. Ich will das Land sehen, den Olivenhain, die Zitronen- und Orangenbäume.

Die Baronessa und ihre Cousine fahren mit den Leibwächtern vor, der Neffe und ich im Golf hinterher. Giuseppe könnte auch Leibwächter anfordern, aber er will es nicht. »Die Angst spüre ich nicht mehr, ich habe mich daran gewöhnt.« Irgendwann biegen wir von der Schnellstraße ab und fahren durch diese wunderschöne Landschaft. Unendliche Felder mit Olivenbäumen, dazwischen blühende Wiesen, in der Ferne malerische Hügel.

Stopp. Wir halten an einem Stopp-Schild. »Viva la Mafia« ist ganz oben eingeritzt, dann ein Hakenkreuz. Weiter unten steht noch »Huren«, und das international verständliche Piktogramm eines Penis ist sorgfältig dazugeritzt.

Ich fotografiere das Schild, und auch Giuseppe steigt aus dem Auto. Zwei, drei Leute sammeln sich auf der eben noch menschenleeren Kreuzung. Sie starren uns hasserfüllt an. »Ich merke es kaum noch«, sagt Guiseppe im Auto. Später, als wir schließlich auf den Besitz der Cordopatris einbiegen, überholen uns wieder zwei düstere Gestalten auf einem Trecker. Auch aus ihrem Blick spricht unverhohlener Hass.

»Diese Bäume hat meine Ururgroßmutter gepflanzt. Wie Säulen stehen sie da, zwischen ihnen genau acht Meter Abstand«, sagt Guiseppe stolz. Wir sitzen zwischen dicken, verzwirbelten Olivenbäumen in der Nachmittagssonne. Der Blick geht weit über die Zitronen- und Orangenplantagen der Cordopatris. Ein sanfter Wind lässt die Blätter über unseren Köpfen rascheln. Die Baronessa hat ein köstliches Picknick ausgebreitet, ein paar Gartenstühle in den kühlen Schatten gestellt, eine Zitronenkiste als Tisch in die Mitte. Die bewaffneten Polizisten, die um uns herumstehen, wirken absurd in dieser Idylle. Und auch die verbrannte Hausruine im Hintergrund sieht aus wie hineinkopiert.

Da sitzt sie nun, die Baronessa, kerzengerade, und schaut ins Abendlicht.

Als Kind hat sie sich hier in Capece gegruselt, als junge Frau wollte sie weg, Journalistin werden, reisen. Ihr ganzes Leben hätte anders verlaufen können. »Aber was ist das schon gegen den Tod meines Bruders«, sagt sie und lächelt mich an.

ASSIA DJEBAR

FRANKREICH/ALGERIEN

ASSIA DJEBAR SCHRIFTSTELLERIN

Fatima-Zohra Imalayene wurde 1936 in Cherchell geboren. Sie lebt heute in Paris und ist die führende Schriftstellerin des Maghreb, in Europa jedoch bekannter als in Algerien. – Als das kleine Mädchen 1942 zum ersten Mal an der Hand des Vaters, eines Lehrers, zur Schule geht, ahnt es nicht, dass es als erwachsene Frau zu einem Leben außerhalb der Heimat genötigt sein wird. Sie ist in ihrer Klasse die einzige »Eingeborene« unter Franzosen. Und sie wird noch oft die erste Algerierin sein: die erste auf der Pariser Elitehochschule École Normale Supérieure (wo sie wegen ihres Protestes gegen die Kolonialherren ausgeschlossen wird); die erste, die es wagt, einen erotischen Liebesroman zu veröffentlichen (mit zwanzig und unter männlichem Pseudonym); die erste, die in den 1990er Jahren die Stimme erhebt gegen den Terror der Fundamentalisten. Djebars Pseudonym kommt von »djebbar«, die »Unversöhnliche«. Sie ist geprägt von zwei Kulturen: der arabischen und der französischen, der Sinnlichkeit von *1001 Nacht* und der Rationalität eines Descartes. Als nach 150 Jahren Französischsprachigkeit ab den 1970er Jahren die (Zwangs-)Arabisierung in Algerien eingeführt wird, verstummt sie zehn Jahre lang. In dieser Zeit lehrt die Historikerin Geschichte in Algier, macht preisgekrönte Filme, aber sie schreibt nicht mehr. Dann geht Djebar wieder nach Paris und schreibt. Im Mittelpunkt ihrer Romane stehen Entwurzelte, Fremde und Frauen, die sich »die Freiheit der Seele und des Körpers erkämpft« haben. Im Herbst 2000 erhält sie den »Friedenspreis des Deutschen Buchhandels«. Djebars Vater hat bis heute »keine Zeile von mir gelesen«. – Bettina Flitner fotografierte Assia Djebar anlässlich ihrer Deutschlandreise im Oktober 2000 in Köln.

MARION GRÄFIN DÖNHOFF

DEUTSCHLAND

MARION GRÄFIN DÖNHOFF JOURNALISTIN

Marion Gräfin Dönhoff (1909–2002) wurde auf Schloss Friedrichstein bei Königsberg geboren (früher Ostpreußen, heute Russland). Als Mitbegründerin der *Zeit* war sie über Jahrzehnte die einflussreichste deutsche Journalistin und eine moralische Instanz. – Marion kommt in dem weiten, nicht nur klimatisch kalten Schloss als letztes von sieben Kindern zur Welt. Die Mutter ist kaiserliche Palastdame, der Vater Kosmopolit, der erst spät heiratet. Das Kind entwickelt eine enge Bindung zu Natur und Pferden und ist eine eher schlechte Schülerin. Das ändert sich in Berlin, wo sie Abitur macht und erstmals Hitler erlebt. Als Studentin in Frankfurt engagiert sie sich in widerständigen Studentenkreisen und geht 1933 nach Zürich. 1938 übernimmt sie die Leitung der elterlichen Güter und wird die erste und letzte Herrin von Schloss Friedrichstein. Aktiv im Widerstand, entkommt sie nach dem Scheitern des Attentates vom 20. Juli auf Hitler nur durch einen Zufall den Nazi-Häschern. Im klirrenden Januar 1945 tritt Dönhoff, zusammen mit Millionen, ihren legendären »Ritt in den Westen« an, über den sie in *Namen die keiner mehr nennt* geschrieben hat. 1946 tritt sie in die Redaktion der Hamburger *Zeit* ein, in der sie die Adenauer-Ära kritisch begleitet und deren Geschicke sie in den bewegten 1960er Jahren lenken wird. Trotz ihrer tiefen Liebe zur Heimat unterstützt sie Willy Brandts Verzicht auf die Ostgebiete – wofür sie herbe Kritik erntet. Nach dem Krieg frönt sie ihrer Reiselust: von Washington bis Johannesburg, von Neu-Delhi bis Moskau. Sie redet mit bei den Herrschenden, bricht aber immer wieder aus. Auffallend ist ihre Offenheit für die Jugend und Jugendbewegungen. – Bettina Flitner fotografierte Marion Gräfin Dönhoff im Juni 2001 in ihrem Haus in Hamburg, neun Monate vor ihrem Tod.

SIAN EDWARDS

GROSSBRITANNIEN

SIAN EDWARDS DIRIGENTIN

Sian Edwards wurde 1961 in England geboren. Sie gilt heute als eine der bedeutendsten Dirigentinnen der Welt. – Sian erhält bereits als Vierjährige Klavierunterricht und erlernt ihr Handwerk in Manchester und Leningrad: »In Russland lernt man Dirigieren und probt fünf Stunden am Tag.« An englischen Hochschulen ist nur jeder zehnte Dirigierstudent weiblich. »Als Dirigentin habe ich nicht viele Vorbilder«, klagt Edwards. In der Tat: Obwohl Frauen seit über hundert Jahren am Dirigierpult stehen und die Berliner Philharmoniker schon 1930 erstmals von einer Frau (Antonia Brico) dirigiert wurden, wird bei jeder Dirigentin so getan, als sei sie die allererste. Immer wieder neu müssen Dirigentinnen ihre Rolle und ihren Stil erfinden. Edwards, die für ihren »kraftvollen Stil« bekannt ist, weiß aus Erfahrung: »Dirigentinnen, die versuchen, auf ihre Art stark zu sein, werden missverstanden und verspottet – als Domina oder als Hysterikerin. Das sind Probleme, die Männer überhaupt nicht kennen.« Als 24-Jährige macht sie den Ersten Preis beim internationalen Dirigierwettbewerb in Leeds, zwei Jahre später vertritt sie erstmals Simon Rattle bei einer Premiere von Weills *Mahagonny*. Mit 28 dirigiert sie im Opernhaus Covent Garden, mit 31 wird sie Direktorin der English National Opera in London, was durch die Weltpresse geht. Sie kündigt aus Protest gegen Sparmaßnahmen, die vor allem die Musiker betreffen, während die Verwaltung sich selbst davon ausnimmt. Heute arbeitet Sian frei und gastiert in der ganzen Welt. Sie hat zahlreiche CDs eingespielt. Sian Edwards ist verheiratet und hat einen Sohn. – Bettina Flitner fotografierte Sian Edwards im Mai 2003 anlässlich eines Konzertes mit den Düsseldorfer Philharmonikern in der Tonhalle Düsseldorf.

INGE FELTRINELLI

ITALIEN

INGE FELTRINELLI VERLEGERIN

Inge Schoenthal wurde 1930 geboren und wuchs in Göttingen auf. Sie ist die Verlegerin des »nicht größten, aber erfolgreichsten Verlags Italiens« und eine der schillerndsten Persönlichkeiten des Landes. – Als »Halbjüdin« (der Vater ist jüdischer Deutscher) wird Inge mit zwölf von der Schule gejagt. Ihre Mutter sorgt dafür, dass der Schulleiter 1945 fliegt. Mit 19 radelt Inge 284 Kilometer nach Hamburg. Sie will Fotoreporterin werden und landet bei der Frauenzeitschrift *Constanze*, für die sie schreibend und fotografierend durch die Welt zieht. Sie bekommt sie alle vor die Kamera: von Piaf bis Beauvoir, von Cooper bis Hemingway – das berühmte Foto mit dem großen Fisch an der Angel ist von ihr. 1959 heiratet sie Giangiacomo Feltrinelli, den millionenschweren Erben, Kommunisten und Verleger, und bringt ihre Kontakte ein. Ledig-Rowohlt teilt mit ihr seine Büros in Paris und New York, Inge gewinnt Autoren wie Baldwin und Miller, Frisch und Dürrenmatt. 1962 kommt Sohn Carlo zur Welt; er leitet heute mit ihr zusammen den Verlag. Ab Mitte der 1960er Jahre driftet Giangiacomo zunehmend in die linksradikale Szene ab. Die Ehe wird geschieden, er geht in den Untergrund und stirbt 1972 unter nie geklärten Umständen. Inge Feltrinelli führt den Verlag jetzt ganz allein. Der expandiert weiter und mit ihm seine Verlegerin. Sie ist Freundin der AutorInnen, Vermittlerin zwischen den Kulturen und gewiefte Geschäftsfrau. In Zeiten der Krise wächst der Feltrinelli-Verlag und hat heute zusätzlich 97 Feltrinelli-Buchläden mit 1450 Angestellten in ganz Italien. Sie ist Ehrenbürgerin und gesellschaftlicher Katalysator von Mailand. Heute bezeichnet die geborene Deutsche und geschiedene Italienerin sich als »Milanesin«. – Bettina Flitner fotografierte Inge Feltrinelli im April 2002 in ihrem Verlag in Mailand.

DÖRTE GATERMANN

DEUTSCHLAND

DÖRTE GATERMANN ARCHITEKTIN

Dörte Gatermann wurde 1956 in Hamburg geboren. Sie ist die erste deutsche Architektin, die ein Hochhaus baut. – Die Tochter eines Architekten und einer Hausfrau verliert früh die Mutter und orientiert sich am Vater. Sie macht ihr Diplom bei Professor Gottfried Böhm, der ihr noch vor Studienabschluss die Projektleitung für einen Fünfzig-Millionen-Bau anvertraut. Zur Einweihung 1985 kommt sie mit ihrem drei Monate alten Sohn auf dem Arm, vier Jahre später folgt eine Tochter. In dieser Zeit gründet Gatermann zusammen mit ihrem Lebensgefährten Elmar Schossig ein Architekturbüro in Köln. Sie arbeitet, wie die meisten erfolgreichen Architektinnen in Deutschland – ein halbes Jahrhundert nach der Zwangspause durch das Berufsverbot der Nazis –, im Duo mit einem Mann. Gatermann & Schossig avancieren rasch zu einem der »innovativsten und erfolgreichsten Architekturbüros in Deutschland« *(World Architecture)*. Gatermann plant Industrie- und Verwaltungsbauten ebenso wie Kindergärten und Wohnhäuser. Anfang der 1990er Jahre baut sie den FrauenMediaTurm in Köln aus, stellt in den mittelalterlichen Mantel des Wehrturms ein Kleid des 21. Jahrhunderts. Ihre Devise: »Nicht Entweder-oder, sondern Sowohl-als-auch!« Nämlich: Funktionalität *und* Schönheit, Rationalität *und* Emotion, Familie *und* Karriere. Sie thematisiert offen die Zerrissenheit von Frauen zwischen Beruf und Kindern. Seit 2002 hat sie eine Professur an der TU Darmstadt. In Köln schlugen Ende 2003 die Wellen hoch, als nach langen schwarz-grünen Kämpfen ihr Hochhaus genehmigt wurde: Nur 900 Meter entfernt vom 157 Meter hohen Dom wird ab 2006 der von Gatermann entworfene 103-Meter-Turm auf der anderen Rhein-Seite emporragen. – Bettina Flitner fotografierte Dörte Gatermann im Oktober 2003 auf der Baustelle des Kölner Hochhauses.

MIEP GIES

NIEDERLANDE

BETTINA FLITNER EIN BESUCH BEI MIEP GIES

Eigenartig, das mit der Pagode. Habe ich da etwas falsch verstanden? Rechts und links der Autobahn nur Kühe und Schafe. Und dazwischen diese kleinen, sauberen Häuser mit diesen riesigen, blank geputzten Scheiben. Durch das Vorderfenster fällt man hinein und zum Rückfenster gleich wieder heraus, quer durch die Topfpflanzen vorne, die blau-weiß gedeckte Kaffeetafel in der Mitte und die Topfpflanzen hinten. Und landet wieder auf der Wiese mit den Kühen und Schafen.
»Stellen Sie Ihr Auto ab, und warten Sie in der Vorhalle der Pagode. Um 13 Uhr«, lauteten die Anweisungen von Herrn Suijk. Herr Suijk. Ich weiß noch nicht einmal, wie der überhaupt aussieht. Das einzige, was ich von ihm habe, ist eine Handynummer. Doch plötzlich steht sie da, die chinesische Pagode. Ein riesiger, rot-goldener Bau glitzert in der Junisonne. Ich bin wirklich ergriffen. Es ist 12.30 Uhr. Ich parke und gehe in die Hotellobby. Die fernöstliche Pagode – von innen ein »Best Western«. Niemand zu sehen. Ich falte die deutsche Zeitung auseinander und tue so, als würde ich lesen. In Wahrheit geht mir die Vorgeschichte meines Besuches durch den Kopf.
Holland 1942. Die Deutschen haben das Land seit zwei Jahren besetzt. Nun wird es endgültig brenzlig für die im Exil lebende deutsche Familie Frank. Das Judenreferat beginnt mit der Deportation aller Juden in Amsterdam. Otto Frank bittet seine Sekretärin Miep Gies, ihn, seine Frau Edith sowie seine Töchter Margot und Anne vor den Nazis zu verstecken. Im Hinterhaus der Firma Frank, hinter einer falschen Tapete, überlebt die Familie nahezu zwei Jahre. Miep und ihr Mann Jan sowie zwei weitere Helfer versorgen die Versteckten mit Lebensmitteln, Lesestoff und Kleidung. Zweimal täglich klappt Miep Gies die Bücherwand zur Seite und klettert die steile Treppe hinauf ins Hinterhaus. 24 Stunden täglich setzt sie dafür ihr Leben aufs Spiel. Als die Familie Frank am 4. August 1944 verraten und ins KZ deportiert wird, wagt sich Miep Gies noch einmal in das Versteck. Sie nimmt Annes Aufzeichnungen, von denen sie weiß, an sich: ein rot kariertes Poesiealbum, mehrere einzelne Hefte und 327 lose Blätter. Miep verstaut die Papiere ungelesen in ihrem Büroschreibtisch.
In den folgenden Tagen riskiert sie Kopf und Kragen, um ihre Freunde zu retten. Sie geht sogar direkt ins Gestapo-Hauptquartier und bietet dem SS-Oberscharführer Geld für

Leben. Vergebens. Noch Monate nach Kriegsende hofft Miep, Anne ihre Tagebücher zurückgeben zu können. Aber sie kann sie nur noch Vater Frank überreichen. Er kehrt nach einer Odyssee von Auschwitz über Odessa nach Amsterdam zurück, als einziger Überlebender.

»Sie können Cor zu mir sagen«, sagt Herr Suijk, der plötzlich vor mir steht. Ein älterer Herr von 78 Jahren mit weißem Haar. Ich lade meine Fotosachen in sein Auto, und er startet. Nein, kein älterer Herr, ein wacher, drahtiger Mann, der alles im Blick hat. Ob er beim Militär war? »Nein, nein«, sagt er, sondern 27 Jahre lang Leiter des Anne-Frank-Hauses. Und vorher, während der Besatzung? Na, da ist ihm bei der Ausweiskontrolle etwas ganz Dummes passiert. Als er auf das Fahrrad stieg, ist ihm sein Hosenbein hochgerutscht – und da guckten zwanzig nagelneue Pässe für untergetauchte Juden aus seinem Strumpf. Einmal nach Neuengamme und zurück und dann in Holland inhaftiert. »Ich wollte eigentlich nie wieder etwas mit Deutschen oder Österreichern zu tun haben, aber da hat Otto Frank nach dem Krieg zu mir gesagt: ›Ich glaube, Du bist auf dem falschen Weg. Ich bin Deutscher, und Miep ist Österreicherin.‹« Miep Gies ist in der Tat gebürtige Österreicherin: 1909 in Wien geboren, von ihrer bitterarmen Mutter, einer Näherin, mit einem Hilfsprogramm für hungernde Kinder nach Holland geschickt; bei den »sehr liebevollen« Pflegeeltern ist sie geblieben.

Wir fahren im Zickzack. Der Wohnort von Miep Gies soll nicht bekannt werden. Und Cor hat noch immer Übung im Spurenverwischen. Und dann – ich habe trotz aller Wachsamkeit längst die Orientierung verloren – sind wir da. Ein Haus mit großen, blank geputzten Fenstern und Topfpflanzen auf der Fensterbank. »Miep kann sehr misstrauisch sein«, warnt mich Cor, als er klingelt. Und da steht sie auch schon in der Tür. Eine alte Dame von 94, mit weißem Haar. Ja, das auch, aber vor allem eine sehr wache Frau, die alles im Blick hat. Sie gibt mir die Hand, schaut mich eine unendliche Weile durchdringend an, ohne die Miene zu verziehen. Dann lässt sie mich passieren. Ich habe die Prüfung bestanden.

Jetzt gibt es erst einmal Kaffee und Kuchen. Währenddessen entleert Cor den Inhalt seiner Tasche auf den Tisch. Eine Flut von Papier ergießt sich. Dreißig, vierzig, fünfzig Briefe, handgeschrieben, getippt, bemalt. »Miep, Miep, Miep« steht da auf einem zuoberst in Kinderschrift und rundum am Rand in allen Farben: »Hero, Hero, Hero«: »Miep, you are a hero. You are the bravest woman I have ever heard of in my eleven years«, schreibt ein gewisser Gustavo aus der St. Joseph's Primary School in London. Und Alexandra aus São Paulo findet, dass »Anne ein bisschen hart zu Fritz war. Okay, er macht im Morgengrauen Gymnastik, aber das ist noch lange nicht so schlimm wie das, was meine Schwester, diese Nervensäge, mit mir macht.« Eine Flut von Kindergeschichten auf dem Tisch. Eine Flut von Reaktionen auf das Tagebuch der Anne Frank. Miep sitzt bedrückt vor dem Haufen. »Die Post von letzter Woche. Von nur einer einzigen Woche«, stöhnt sie. Und dann geht vor meinen Augen ein kleines Tischballett los, ein perfektes Beantwortungs-Pas-de-deux gewissermaßen. Cor liest Miep die von ihm in der letzten Woche getippten Antworten vor und schiebt ihr Brief für Brief über den Tisch zu. Miep unterschreibt, schiebt zurück. Auf den Zuruf »Foto!« wirft Miep ihm routiniert eine unterschriebene Autogrammkarte herüber. Ein neuer Brief saust über den Tisch, »Foto!«, die Karte fliegt.

»So geht das jede Woche«, stöhnt Cor, »und sie will jeden einzelnen Brief beantworten. Aber was haben wir auch schon gelacht. Was die Leute manchmal schreiben! Sie hätten die Inkarnation von Anne Frank gesehen … Und, wie sah die dann aus, die Inkarnation? Hatte auch schwarze Haare.« Miep zieht, während sie eine weitere Karte herüberschiebt, eine Braue hoch und verdreht die Augen. Einen Ausdruck, den ich noch öfter sehen werde an diesem Nachmittag.

Nun trägt Cor die Anfragen der Woche vor: »Miep, Frau Bush möchte dich kennen lernen.« »Wer?« »Frau Bush, die Frau des amerikanischen Präsidenten.« Miep verdreht wieder die Augen, die Brauen schnellen nach oben. »Nein!«, sagt sie bockig. »Und dann hat da nochmal diese Winnie Ophrey nachgefragt.« »Winnie wer?« »Ophrah Winfrey«, verbessere ich sanft. »Ja, diese Talkmasterin«, sagt Cor ungeduldig. »Nein!«, ist die glasklare Antwort. »Und auch Woppi …« – »Woppi wer?« – »Na, Whoopi Goldberg, diese amerikanische Schauspielerin.« Auch sie scheitert an Mieps hochgezogener Augenbraue.

»In Amerika«, erzählt Cor, »waren wir beide monatelang mit Mieps Autobiografie auf Lesereise.« Einmal wurden sie vom Gastgeber mit dem Auto vom Flughafen abgeholt und auf dem Highway von einem Asiaten geschnitten. »Typisch!«, entfuhr es dem Gastgeber. Und da passierte es wieder. Das, was in solchen Situationen immer passiert. Mieps Zeigefinger bohrte sich in den Rücken von Cor. Er holte Luft und sagte zum Gastgeber: »That sounds a little stereotype.« Stille. Erneut der Finger von Miep im Rücken von Cor. »Immer an einer bestimmten Stelle«, sagt Cor und verzieht noch in der Erinnerung schmerzhaft das Gesicht. Mieps Finger so lange im Rücken, bis Cor ein glasklares »Das war rassistisch!« hervorstieß. Stille im Auto und Ruhe für den Rücken. Vor dem Hotel verabschiedete sich der Gastgeber herzlich von Miep; Cor würdigte er keines Blickes.

Am Abend dann eine Gala zu Ehren von Miep. Die ganze Stadthalle ist voll. Der Gastgeber steht auf der Bühne. Plötzlich hört Cor seinen Namen. Der Gastgeber bittet »Herrn Cor Suijk« auf die Bühne. Heute Nachmittag, sagt der Gastgeber, habe er bei einer Autofahrt etwas Wichtiges gelernt. Etwas über den alltäglichen Rassismus. Etwas über sich selbst. Das habe ihm die Augen geöffnet. Dies habe er allein Cor Suijk zu verdanken. Cor, der Hero. Als er endlich unter tosendem Applaus die Bühne verlassen kann, steht Miep da, zwinkert ihm zu und flüstert: »Ich finde, Du könntest dich bei mir bedanken.«

Wie die beiden da sitzen, sehen sie aus wie Geschwister. Etwas ganz Spürbares, aber nicht wirklich Greifbares verbindet sie. Es sind Blicke, Gesten, Halbsätze, die da mit den Autogrammkarten hin- und herfliegen. Eine Übereinkunft, die vielleicht auch aus einer Zeit kommt, in der man wenig aussprechen konnte und vieles erahnen musste. »Miep ist ein richtiger Packesel, sie rackert sich ab. Fast jeden Tag hat sie irgendwo Gemüse aufgetrieben und bringt alles in großen Einkaufstaschen auf dem Fahrrad mit«, so steht es in Annes Tagebuch. »Angst? Dazu hatte ich gar keine Zeit. Den ganzen Tag habe ich im Büro gearbeitet, dann alle Einkäufe gemacht, immer quer durch die Stadt, man durfte ja nicht alles im gleichen Laden kaufen«, antwortet Miep. Wieso sie die Tagebücher ausgerechnet in der Schreibtischschublade versteckt hat, möchte ich wissen. Die war noch nicht einmal abgeschlossen, die konnte doch jeder einfach aufziehen. »Eben«, lächelt Miep.

Miep Gies gibt schon lange keine Interviews mehr, lässt sich nicht mehr fotografieren. Der heutige Tag ist eine Ausnahme. Eigentlich möchte sie nicht mehr darüber sprechen müssen, nicht immer und immer wieder. Denn mit den Fragen kommen die Bilder, kommen die Gefühle, kommt der Schmerz. Als ich mich verabschiede, blickt Miep Gies mich wieder an mit diesen wachsamen Augen und sagt: »Äußerlich bin ich ganz ruhig. Aber innen ist alles immer da.«

MARLEEN GORRIS

NIEDERLANDE

MARLEEN GORRIS REGISSEURIN

Marleen Gorris wurde 1948 in der holländischen Kleinstadt Roermond geboren. Sie ist die erste Regisseurin, die in Hollywood einen Oscar erhielt: 1994 für *Antonias Welt*. – Gorris wächst als protestantische Arbeitertochter in der katholischen Provinz auf. Sie studiert Dramaturgie in Birmingham, ist jedoch als Filmemacherin Autodidaktin. Ihr erstes Drehbuch bietet sie 1978 Chantal Akerman an; die rät ihr, den Film selber zu machen. 1982 ist er fertig. Titel: *Die Stille um Christine M.*. Die schwarze Burleske wird vor allem unter Frauen zu einem regelrechten Kultfilm. Die Story: Vier Frauen treffen sich zufällig in der Mittagspause in einer Boutique und bringen nicht minder zufällig den Besitzer um – er hatte sie beim Klauen erwischt. Die Rückblenden zeigen die unterschiedlichen Motive einer jeden, immer aber hat es mit ihrem Frausein zu tun. »Ich bin immer Feministin gewesen«, sagt Gorris. »Was für mich als Regisseurin heißt, Frauen im Film wirklich sichtbar zu machen.« Auch bei ihrem zweiten Film zeichnet Gorris für Idee, Drehbuch und Regie verantwortlich: *Broken Mirrors* (deutsch *Die gekaufte Frau*) erzählt das Leben eines ganz normalen Frauenmörders. Er sitzt abends am Familientisch – und foltert zwischendurch Frauen zu Tode, die er im Müllsack entsorgt. »Alle meine Filme sind Träume«, sagt Gorris. »Die früheren waren eher Alpträume, *Antonias Welt* aber ist ein Tagtraum.« Die so schwermütige wie heitere und sinnliche Familiensaga zeigt drei Frauengenerationen. Zuletzt verfilmte Gorris zwei literarische Vorlagen: Virginia Woolfs *Mrs. Dalloway* mit Vanessa Redgrave und *Lushins Verteidigung* nach Nabokov, wo erstmals ein Mann im Mittelpunkt steht. – Bettina Flitner fotografierte Marleen Gorris im November 2001 in ihrem Haus in Haarlem.

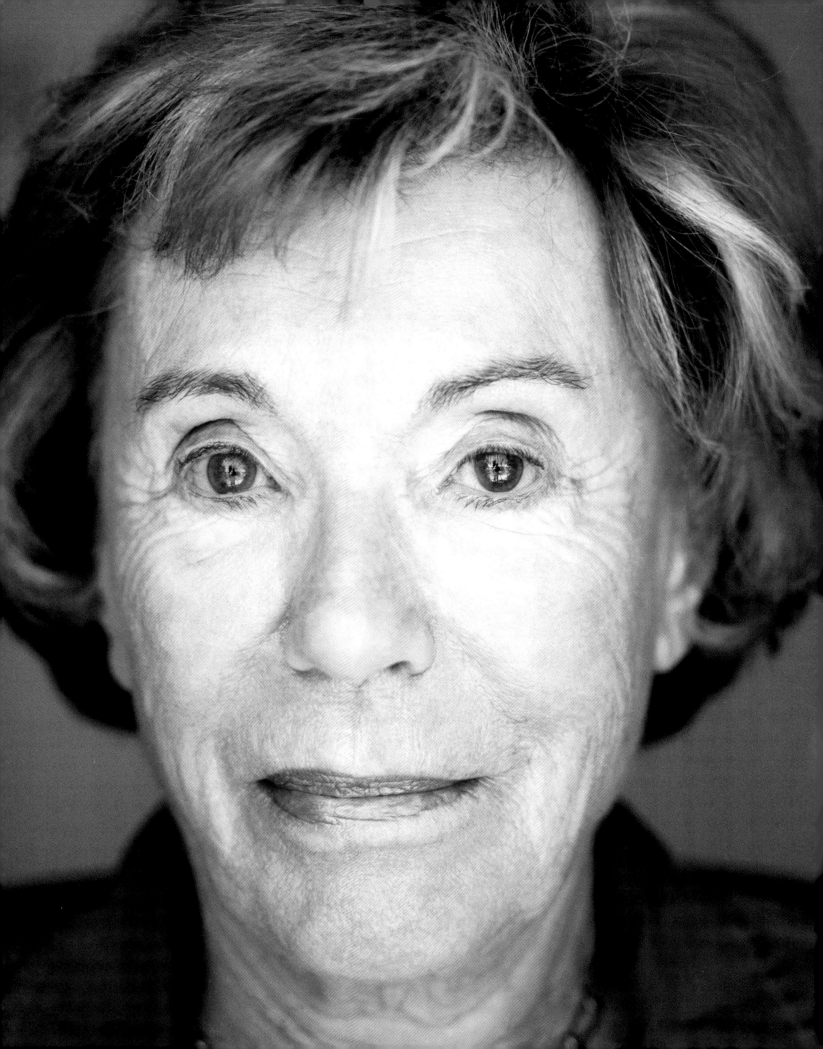

BENOÎTE GROULT

FRANKREICH

BENOÎTE GROULT SCHRIFTSTELLERIN

Benoîte Groult wurde 1920 in Paris geboren. Ihr erotischer Roman *Salz auf unserer Haut* wurde 1989 in Deutschland zum Bestseller. – Groult wächst im Pariser Milieu der großbürgerlichen Boheme auf. Der Vater ist Innenarchitekt, die Mutter Modeschöpferin. KünstlerInnen und SchriftstellerInnen gehen ein und aus. Groult hat schon früh, zunächst zusammen mit ihrer Schwester, geschrieben (darunter ein Tagebuch über das Frausein in Kriegszeiten), aber erst spät veröffentlicht. Sie studiert Literaturwissenschaften, wird Lehrerin und arbeitet ab Mitte der 1950er Jahre für diverse Frauenzeitschriften, zuletzt als Mitherausgeberin des feministischen *F-Magazin*. »Ich bin eine spät erwachte Tochter von Simone de Beauvoir«, sagt Groult, die in zweiter Ehe drei Töchter hat. In ihrem ersten Buch (1976) geht es um die Klitorisverstümmelung, in ihrem zweiten um die freie Liebe. Groult, die auch im Leben einen »Toleranz-Pakt« à la Beauvoir und Sartre geschlossen hat, erzählt darin die lebenslange Leidenschaft einer Pariser Intellektuellen für einen bretonischen Fischer, den sie einmal im Jahr für ein paar sinnliche Tage trifft. Erst Jahre später enthüllt sie die authentische Vorlage zu dem Liebhaber: Er heißt Kurt, ist Kind jüdischer Emigranten und war US-Bomberpilot im Zweiten Weltkrieg. Während der sozialistischen Mitterrand-Regierung leitet Groult eine viel diskutierte »Regierungskommission zur Feminisierung der Sprache«. 1998 erscheint ihre Autobiografie *Leben heißt frei sein*, in der sie schreibt: »Wir (Frauen) sind nicht, was wir sein müssten. Wir sind nicht, was wir sein möchten. Wir sind nicht, was wir sein werden. Aber Gott sei Dank sind wir nicht mehr, was wir einmal waren!« – Bettina Flitner fotografierte Benoîte Groult im November 2001 in Paris und im Juni 2002 in ihrem Haus in der Bretagne.

SIRKKA HÄMÄLÄINEN

FINNLAND

SIRKKA HÄMÄLÄINEN ÖKONOMIN

Sirkka Aune-Marjatta wurde 1939 in Riihimäki geboren. Sie ist eine der zentralen Figuren in der europäischen Geldpolitik und galt in den 1990er Jahren in ihrer Funktion als Notenbankchefin als die »Retterin Finnlands« aus der großen Krise. – Hämäläinen studiert Volkswirtschaft und promoviert in Helsinki. Ab 1961 arbeitet sie als Volkswirtin bei der Finnischen Notenbank und macht rasch Karriere. In den folgenden Jahren wechselt sie zwischen verantwortlichen Positionen bei der Nationalbank und dem Finanzministerium. 1992, im Moment der Krise, wird sie Präsidentin der Bank von Finnland. Mit ihrer strikt auf Stabilität ausgerichteten und auch vor unpopulären Maßnahmen nicht zurückschreckenden Geldpolitik erwirbt sie sich den Ruf einer »eisernen Lady« und schafft es tatsächlich, ihr Land aus einer schweren Baisse zu holen. Bei der Gründung der Europäischen Zentralbank (EZB) wird sie zeitweise als potentielle Präsidentin gehandelt. Sie stand, sagt sie, nicht zur Verfügung: »Ich handle lieber, statt zu repräsentieren.« Sie wird dann jedoch bei der EZB für fünf Jahre Direktoriumsmitglied und ist unter anderem für »Geld- und Devisenmarktoperationen« zuständig. In dieser Funktion residiert sie in Frankfurt in der 34. Etage des Euroturms. Die durchaus auch als »Hitzkopf« geltende Hämäläinen hält nichts von der Frauenquote und erklärt: »Nicht das Geschlecht, sondern die Professionalität ist entscheidend.« Mit einer feinen Einschränkung: »Es sollte kein Hindernis sein, eine Frau zu sein.« Die Bankerin ist zum zweiten Mal verheiratet (»Er versteht meine Leidenschaft für meine Arbeit.«) und zweifache Mutter und Großmutter. Als Hobby gab sie früher Bauchtanz und gibt sie heute Sport an. – Bettina Flitner fotografierte Sirkka Hämäläinen im Juni 2002 im Euroturm der Europäischen Zentralbank in Frankfurt.

CLAUDIE HAIGNERÉ

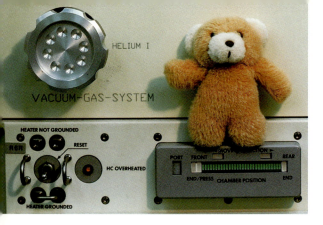

FRANKREICH

CLAUDIE HAIGNERÉ ASTRONAUTIN

Claudie Haigneré wurde 1957 in Creusot geboren. Sie ist Ärztin, Astronautin und seit 2002 Forschungsministerin. – Der ersten Frau im Weltall, der russischen Astronautin Valentina Tereschkova, sollte sie erst viel später begegnen. Aber als der Amerikaner Neil Armstrong 1969 als erster Mensch den Mond betritt (und den Satz prägt: »Ein kleiner Schritt für einen Menschen – ein großer für die Menschheit«), sitzt die damals zwölfjährige Claudie aufgeregt vor dem Fernseher. Von dem Tag an verschlingt sie alles, was ihr über die Weltraumfahrt in die Finger gerät. Sie studiert Medizin, arbeitet als Sportmedizinerin – und meldet sich sofort, als sie 1985 am schwarzen Brett ihres Pariser Krankenhauses eine Ausschreibung der französischen Raumfahrtbehörde CNES liest. Die sucht Wissenschaftler für ein Forschungsprogramm. Sie schafft es und wird unter Tausenden von Bewerbern eine von sieben Auserwählten. 1992 ist Claudie noch »Ersatzmann« für ihren zukünftigen Ehemann Jean-Pierre Haigneré und beobachtet den Weltraumflug von der Bodenstation in Kaliningrad aus. Am 27. August 1996 startet sie erstmals selber ins All. Haigneré: »Ein großer Schritt für die Menschheit – denn die hat zwei Geschlechter.« 1999 steuert sie bei einer französisch-russischen Mission als erste Frau eine Sojus-Kapsel aus dem All zurück auf die Erde. 2001 nimmt die Astronautin den Teddybär ihrer damals dreijährigen Tochter Carla mit auf den Flug zur Raumstation ISS (»Wenn ich schon nicht mitfliegen kann, soll wenigstens mein Teddy dabei sein!«). Als im Mai 2002 die Konservativen knapp die Wahlen gewinnen, holen sie mehrere Parteilose in ihr Kabinett, darunter Claudie Haigneré. Sie ist seither in Paris »Ministerin für Forschung und neue Technologien«. – Bettina Flitner fotografierte Claudie Haigneré im April 2002 im ESA-Raumfahrtzentrum in Köln.

Pilzsuppe / Mushroom Soup — Tin of Apple Sauce — Beef Stroganoff with Noodles — Plastic Tube Attachment

TARJA HALONEN

FINNLAND

TARJA HALONEN STAATSPRÄSIDENTIN

Tarja Halonen wurde 1943 in Helsinki geboren. Seit dem Jahr 2000 ist sie der erste weibliche Präsident Finnlands. – Tarja Kaarina wird als Tochter einer Krankenschwester und eines Bauarbeiters geboren und engagiert sich früh für soziale Gerechtigkeit. Sie studiert Jura, wird Anwältin und Gewerkschaftsjuristin. 1977 geht sie als Stadträtin von Helsinki in die Politik und wird 1979 Abgeordnete im Landesparlament. Von Beginn an schert sie sich nicht um Konventionen. In den frühen 1980er Jahren firmiert sie als Vorsitzende der Lesben- und Schwulenvereinigung SETA; aus der finnisch-lutherischen Kirche tritt sie aus, weil »die keine weiblichen Bischöfe zulassen«. Ihre Tochter Anna, die heute in Großbritannien studiert, erzieht sie allein. Halonen: »Eine schlechte Mutter ist eine, die nicht versucht, die Welt für ihr Kind besser zu machen.« Trotz – oder wegen – ihrer Unangepasstheit wird »die rote Tarja« 1990 Finnlands erste Justizministerin, 1995 erste Außenministerin und 2000 erste Präsidentin, vom Volk direkt gewählt. Ausschlaggebend für ihre Wahl waren 94 Jahre nach der Einführung des Frauenwahlrechts (1906) die Stimmen der Wählerinnen. »Entschuldige dich nie für die Macht!«, lautet das Motto der Präsidentin. Bis 2000 lebte sie in ihrem alten Arbeiterviertel und heiratete erst nach der Wahl zur Staatschefin ihren langjährigen Lebensgefährten, den Anwalt Pentti Arajärvi. Die Position an der Spitze ihres Landes hat Halonen, die sich besonders die Rechte von Frauen, Kindern und Minderheiten auf ihre Fahnen geschrieben hat, nicht stromlinienförmiger gemacht, im Gegenteil. Was das Volk ihr mit immer breiterer Zustimmung dankt. Heute würden 94 Prozent aller FinnInnen sie wieder wählen. Bis 2006 ist sie im Amt. – Bettina Flitner fotografierte Tarja Halonen im September 2003 in ihrem Amtssitz in Helsinki.

DEUTSCHLAND

REGINE HILDEBRANDT POLITIKERIN

Regine Hildebrandt wurde 1941 in Berlin geboren und starb 2001. Die engagierte Sozialdemokratin galt nach der Wende als »Stimme des Ostens«, vor allem für Frauen. – Regine lebt mit ihrer Familie in der Bernauer Straße, die im Zweiten Weltkrieg ausgebombt und im geteilten Deutschland zur innerdeutschen Grenze wird. Sie promoviert in Biologie an der Humboldt-Universität und arbeitet als Abteilungs- und später Bereichsleiterin beim VEB Berlin-Chemie. Die gläubige Protestantin engagiert sich noch zu DDR-Zeiten in der Bürgerbewegung »Demokratie Jetzt« und gehört ab Oktober 1989, zusammen mit ihrem Mann, zu den ersten Mitgliedern der neu gegründeten SPD Ost. Im April 1990 wird sie Ministerin der letzten DDR-Regierung und nach der Wende im Oktober 1990 »Ministerin für Arbeit und Frauen« im Land Brandenburg. Sehr rasch wird Hildebrandt, die selten ein Blatt vor den Mund nimmt, populär. Energisch bis rabiat engagiert sie sich für soziale Gerechtigkeit. Bei den Kämpfen um das Recht auf Abtreibung oder für eine »Kinderkasse« setzt sie gesamtdeutsche Akzente. 1994 protestiert sie öffentlich gegen die »Verteufelung« der PDS, 1999 tritt sie von ihrem Ministerinnenposten zurück, weil sie nicht in einer großen Koalition mit der CDU sein will, bleibt aber im SPD-Parteivorstand. Als Regine Hildebrandt an Brustkrebs erkrankt, setzt sie sich für das Recht auf Sterbehilfe ein. Sie scheut dabei auch nicht die Konfrontation mit der damaligen SPD-Justizministerin. Im September 2001 stirbt die 60-Jährige. Sie hinterlässt einen Ehemann, drei Kinder und drei Enkelkinder. – Bettina Flitner hatte 2001 mit Regine Hildebrandt bereits einen Termin vereinbart, aber die Krankheit war schneller. Das Foto wurde noch vor dem Europäerinnen-Projekt im September 1991 in ihrem Büro in Potsdam gemacht.

AYAAN HIRSI ALI

NIEDERLANDE / SOMALIA

AYAAN HIRSI ALI POLITIKERIN

Ayaan Hirsi Ali wurde 1969 in Somalia geboren. 1996 flüchtete die Muslimin vor einer Zwangsverheiratung in die Niederlande, wo sie seit 2003 Abgeordnete ist. – In ihrer Autobiografie *Die Sohnfabrik* erzählt die Tochter eines Oppositionspolitikers, was ihre Großmutter antwortete, wenn sie nach der Zahl ihrer Kinder gefragt wurde: »Eins« – sie hatte neun Töchter und einen Sohn. Und obwohl Ayaans Familie politisch engagiert ist, erleiden auch sie und ihre Schwestern Gewalt und die traditionelle Klitorisverstümmelung. Ayaan überlebt nur knapp die Attacke eines Koranlehrers, der ihren Kopf gegen die Wand schlägt und ihr so den Schädel bricht. Ihre Schwester, die ihr nach Holland folgt, überlebt nicht: Sie kehrt zurück und hungert sich in ihrer Familie zu Tode. Europa scheint Ayaan zunächst ein Paradies, ein Frauenparadies. Sie studiert und arbeitet als Übersetzerin in einer Abtreibungsklinik und einem Frauenhaus. Schockiert über das Elend ihrer Glaubensschwestern, sagt sie im Fernsehen: »Der Islam ist eine rückständige Religion und der Koran ein unheiliges Instrument der Unterdrückung.« Prompt distanziert sich die Sozialistische Partei (PvdA), deren Mitglied sie ist, von ihr. Sie wird so beschimpft und bedroht, dass sie für einige Monate nach Amerika fliehen muss. Zurück, kandidiert sie für die Liberalen (VVD) und wird im Januar 2003 als Direktkandidatin ins Parlament gewählt. Jetzt attackiert sie auch den Propheten, der einst die Ehe mit der neunjährigen Aischa erzwang: »Mohammed ist ein Tyrann, aber Vorbild aller muslimischen Männer.« Nun distanzieren sich auch die Liberalen. Aber Ayaan lässt nicht locker. »Ich habe zu viel gesehen. Ich kann nicht mehr zurück.« – Bettina Flitner fotografierte Ayaan Hirsi Ali im April 2003 im Parlament von Den Haag und am Meer.

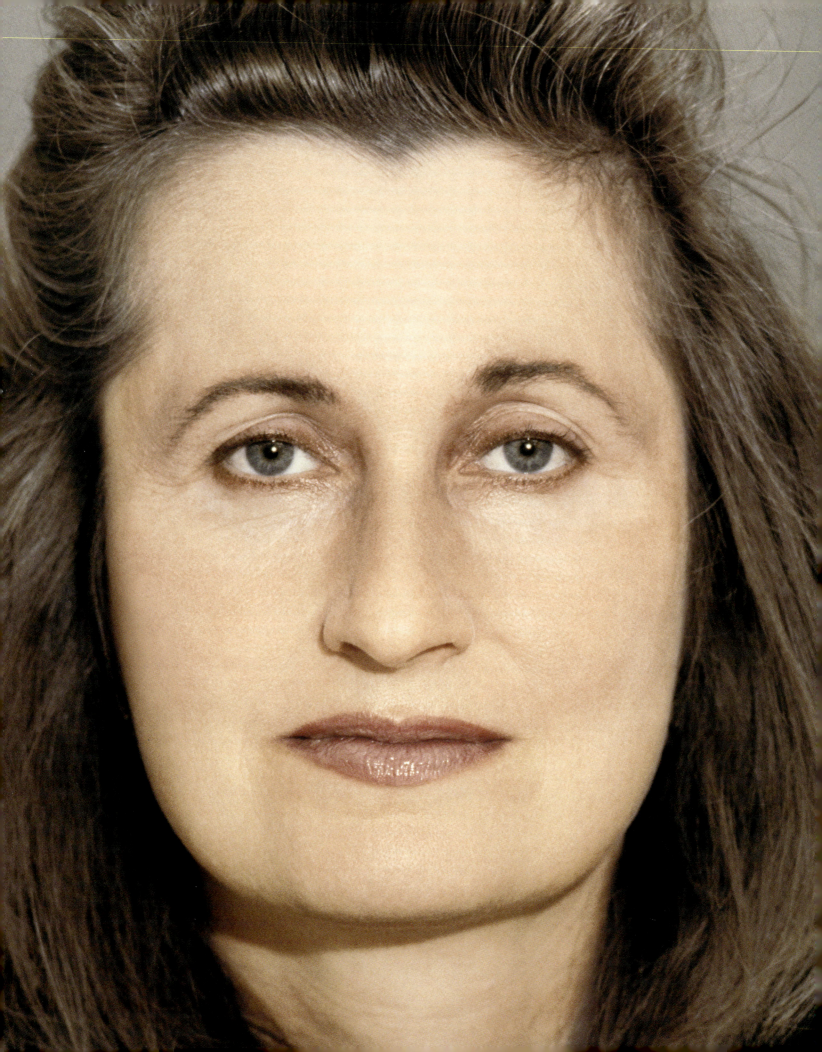

ELFRIEDE JELINEK

ÖSTERREICH

ELFRIEDE JELINEK SCHRIFTSTELLERIN

Elfriede Jelinek wurde 1946 in Mürzzuschlag/Steiermark geboren. Sie gilt als eine der bedeutendsten deutschsprachigen Schriftstellerinnen und Dramatikerinnen der Gegenwart. – Elfriede Jelinek ist die Tochter einer österreichisch-katholischen Mutter und eines slawisch-jüdischen Vaters. Der Beginn ihres literarischen Schaffens steht unter dem Zeichen der Befreiung der Tochter von einer von ihr als »dämonisch und herrisch« beschriebenen Mutter, eingebettet in eine radikale Analyse der Klassen- und Männergesellschaft. Seit Mitte der 1990er Jahre thematisiert Jelinek auch die väterliche Hypothek offensiv: den Antisemitismus und die KZ-Opfer in der eigenen Familie. Jelinek studiert auf dem Wiener Konservatorium Klavier und Komposition, daneben Theaterwissenschaften und Kunstgeschichte. 1970 erscheint ihr erster Roman, *Wir sind Lockvögel, Baby*, eine literarische Collage, die mit der Trivialliteratur spielt. Mit ihrem dritten Roman, *Die Klavierspielerin*, wird sie 1983 berühmt. Es ist eine autobiografisch geprägte, sadomasochistische Mutter-Tochter-Geschichte. »Meine Figuren sind Prototypen«, präzisiert Jelinek, »Menschen und ihre subtilen Verhaltensweisen interessieren mich nicht.« Um Prototypen geht es auch 1989 in *Lust*, einem, wie sie sagt, »Antiporno, allerdings im obszönen Idiom«. Für Jelinek ist »Sexualität selbst Gewaltausübung, und zwar Gewalt des Mannes gegen die Frau«. Sie ist »die kälteste und erbarmungsloseste Moralistin, die Österreich je gegen sich aufgebracht hat« (Sigrid Löffler) und verbietet auch schon mal die Aufführung ihrer Stücke an der Wiener Burg. Jelinek ist mit einem Deutschen verheiratet. – Bettina Flitner fotografierte Elfriede Jelinek und ihre Mutter im November 1987 in ihrem Haus in Wien und im Juni 1989 in der ehelichen Wohnung in München.

EVA JOLY

FRANKREICH/NORWEGEN

EVA JOLY RICHTERIN

Eva Joly wurde 1943 in Oslo geboren und ging mit zwanzig nach Frankreich. Die Untersuchungsrichterin löste mit ihren Ermittlungen gegen die Korruption bei der Privatisierung des Staatskonzerns Elf Aquitaine einen der größten Skandale aus. – Die Arroganz der Elite hat die spätere Juristin früh kennen gelernt: Als sie sich als Au-pair-Mädchen und Kind aus kleinen Verhältnissen (Vater Schneider, Mutter Friseuse) in den Sohn ihrer großbürgerlichen Pariser Gastfamilie verliebt, interveniert dessen Vater mit den Worten: »Du darfst sie nicht heiraten. Sie ist nicht reich, hat keine Zukunft.« Die beiden heiraten und haben inzwischen erwachsene Kinder. Der Skandal geht von Jolys 18-Quadratmeter-Büro aus. Sie ermittelt gegen die Eliten des Landes. »Sie sind einfach nicht mehr daran gewöhnt, Widerspruch zu hören«, schreibt sie in dem nach ihrem Rücktritt 2003 erschienenen Buch *Im Auge des Zyklons*. »Allmählich verstehe ich, dass sie die Verbrechen, die sie begehen, nicht als solche wahrnehmen.« Doch immerhin: Nach acht Jahren, davon sechs schwer bewacht von Leibwächtern, und unter dem Trommelfeuer der mit der angegriffenen sozialistischen Mitterand-Regierung sympathisierenden Medien hat sie es geschafft: Im Herbst 2003 stehen 37 Verantwortliche vor Gericht, darunter der Ex-Präsident von Elf und Ex-Außenminister Roland Dumas. Nur in Deutschland, wo laut Joly beim Kauf des Chemiekonzerns Leuna durch Elf fünfzig Millionen Mark Bestechungsgelder geflossen sind, ist bis heute nichts passiert. Und das, obwohl die deutsche Justiz »alle Trümpfe in der Hand hat«. Heute berät Joly die norwegische Regierung beim Aufbau einer internationalen Kommission gegen Korruption. Jeder zweite Mensch in Frankreich wünschte sich 2003 Eva Joly als Präsidentin. – Bettina Flitner fotografierte Eva Joly im September 2003 in Oslo.

IRENE KHAN

GROSSBRITANNIEN/BANGLADESCH

IRENE KHAN MENSCHENRECHTLERIN

Irene Zubaida Khan wurde 1956 in Bangladesch geboren. Als Vorsitzende von *amnesty international* (ai) ist sie in dieser Position die erste Frau, die erste Asiatin und die erste Muslimin. – Irene ist die Tochter eines Arztes und einer mit 15 zwangsverheirateten Mutter, die »für die gleichen Chancen von Mädchen und Jungen« eintritt. Sie kommt mit ihrer Schwester ins Internat nach Irland und studiert Jura in Harvard, wo sie sich auf Internationales Recht und Menschenrechte spezialisiert. Zwanzig Jahre lang arbeitet Khan weltweit für das UN-Flüchtlingswerk. Im Sommer 2001 wird sie Generalsekretärin von ai und stellt die Weichen der Organisation mit ihren 1,5 Millionen MitarbeiterInnen und Mitgliedern in 170 Ländern neu. Seither setzt sich ai nicht länger nur für staatlich Verfolgte ein, sondern auch für »privat Verfolgte«, das heißt die Opfer von Bürgerkriegen und häuslicher Gewalt. Das sind vor allem Frauen – in den Ex-Militärdiktaturen Osteuropas ebenso wie in den muslimischen Ländern unter der Knute der Fundamentalisten. »Für Frauen wird es keine Sicherheit geben, solange Regierungen ihnen Schutz im Lebensumfeld versagen«, erklärt die Muslimin und lehnt strikt jede Relativierung oder Entschuldigung von Gewalt im Namen »anderer Sitten« oder »fremden Glaubens« ab: »Gewalt gegen Frauen ist niemals entschuldbar.« Die mit einem Deutschen verheiratete ai-Chefin scheut sich auch nicht, dieses selbst innerhalb ihrer Organisation heikle Problem anzusprechen: »Anders als bei den traditionellen Folteropfern sind bei der häuslichen Gewalt sowohl Opfer wie Täter bei ai engagiert.« Khan hat, zusammen mit ihrem Ehemann, einem Wirtschaftswissenschaftler, eine Tochter. – Bettina Flitner fotografierte Irene Khan im Mai 2003 am Hauptsitz von *amnesty international* in London.

MARIA LASSNIG

ÖSTERREICH

MARIA LASSNIG MALERIN

Maria Lassnig wurde 1919 in dem österreichischen Dorf Kappeln geboren. Die 1943 als »entartet« verfolgte Malerin fand erst spät die angemessene Anerkennung und gilt heute als eine der bedeutendsten Künstlerinnen Europas. – Die Bauerstochter Maria geht erst nach dem Studium zur Volksschullehrerin auf die Wiener Kunstakademie. Von dort wird sie 1943 wegen »entarteter Malerei« der Meisterklasse verwiesen. Ab 1945 wird ihr Atelier in Klagenfurt zum Treffpunkt für KünstlerInnen und SchriftstellerInnen. In den 1950er Jahren arbeitet Lassnig in Paris. 1964 stirbt ihre Mutter. Ihr Tod stürzt die Tochter in eine tiefe Depression, die sie mit Arbeiten wie *Letztes Bild meiner Mutter im Liegestuhl* zu bewältigen sucht. 1968 geht sie nach New York, »weil dort die Frauen stark sind«. Ihre frühen *Körperbewusstseinszeichnungen* – in denen es immer um das Verhältnis von Verstand und Gefühl, Sexualität und Gewalt, Bewusstsein und Körper geht – sind keiner Stilrichtung zuzuordnen, Lassnig »gehört nur sich selbst« *(Die Zeit)*. In New York beginnt sie mit ihren surreal-realistischen Selbstporträts, den selbstironischen *Monsters*, diesen seltsamen Zwitterwesen aus Tier und Mensch, wie *Die Tigerin*. Erst über den Umweg eines Stipendiums in Berlin findet Lassnig 1978 zurück nach Europa – und Österreich wieder zu seiner großen Malerin, die zu lange im Schatten der Malerfürsten stand. 1980 vertritt Lassnig, zusammen mit Valie Export, ihr Heimatland auf der Biennale in Venedig. 1982 ist sie erstmals auf der documenta präsent, 1997 wird sie dort erneut als »Höhepunkt« gefeiert. Seit 1980 hat Lassnig eine Professur an der Hochschule für Angewandte Kunst in Wien. – Bettina Flitner fotografierte Maria Lassnig im März 2002 in ihrem Atelier in Wien.

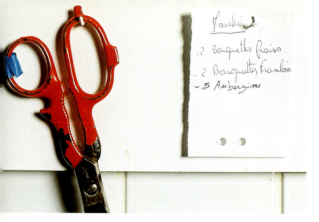

LUXEMBURG

LEA LINSTER KÖCHIN

Lea Linster wurde 1955 in Differdange geboren. Sie ist heute eine der raren Sterne-Köchinnen in Europa und die einzige Frau, die je den begehrten »Bocuse d'Or« gewann. – Linsters Eltern haben ein Lokal mit Kegelbahn und Tankstelle, wo die Mutter in der Küche steht und der Vater nach Feierabend auch schon mal Trompete spielt. Die Schwester wird Künstlerin, der Bruder Musiker, und sie studiert zunächst Jura. Als der Vater erkrankt, übernimmt Lea den Familienbetrieb – und macht alles anders. »Meine ganze Leidenschaft ist es schon seit frühester Jugend, in guten Restaurants zu essen. Heutzutage mache ich das mit meinem Sohn Louis.« Statt »Steak frites« serviert sie selbst erdachte Gerichte und bekommt schon nach sechs Monaten den »Grand Prix Mandarine Napoléon«. Ab 1987 leuchtet der begehrte erste Stern des Guide Michelin über ihrem Haus. 1989 folgt eine »kleine Revolution« *(Le Figaro)*: Ausgerechnet bei Maître Bocuse, dem Guru der Nouvelle Cuisine (für den Frauen »nicht in die Küche, sondern ins Schlafzimmer gehören«), erringt Linster den »Bocuse d'Or«: mit einem Lammrücken in Kartoffelkruste, den sie nur ein einziges Mal an Gästen ausprobiert hatte, »und das auch noch an Amerikanern«. Die Konkurrenten sind alle »mit einem ganzen Sarg voller Zutaten« angereist. Linster aber setzt auf einfach und intuitiv, wie immer. Bocuse zieht die Mütze vor der Kollegin: »Sie ist die Königin des Geschmacks.« Neben dem Stammhaus in Frisange eröffnete Linster zwei weitere Restaurants, davon eines im Hauptbahnhof von Luxemburg (für ganz Eilige). Als Star-Gastköchin ist Linster von Tokio bis Rio de Janeiro gerne gesehen. – Bettina Flitner fotografierte Lea Linster im August 2001 in Linsters Restaurant in Frisange.

LIZA MARKLUND

SCHWEDEN

LIZA MARKLUND KRIMIAUTORIN

Liza Marklund wurde 1962 in Palmark, einem der nördlichsten Dörfer von Schweden, geboren. Sie ist heute die erfolgreichste Krimiautorin Schwedens. Ihre Bücher sind in zahlreiche Sprachen übersetzt. – In Lizas Heimatdorf ist es im Winter immer dunkel und im Sommer immer hell. Mit 16 geht sie fort, hinaus in die Welt. Sie jobbt als Putzfrau, Tellerwäscherin oder Croupier in London, Los Angeles, Lateinamerika oder Israel. Mit 21 bekommt sie das erste Kind, mit 22 geht sie zur Journalistenschule und arbeitet 15 Jahre lang als Journalistin für Tageszeitungen und das Fernsehen. Sie beginnt als Polizeireporterin in einer kleinen Stadt. Da bekommt sie Tag für Tag die so genannten »Familientragödien« auf den Tisch: Mann erwürgt Freundin, Ehemann liquidiert Ehefrau und zwei Kinder, Sohn erschlägt Mutter und so weiter und so fort. »Ich ging zum Chefredakteur und fragte: ›Weißt du eigentlich, was in diesem Land los ist?‹ Er antwortete: ›Bleib mir vom Hals mit diesen ganzen hysterischen Ziegen.‹« 1998 erscheint ihr erstes Buch. Es geht darin um eine dieser »Ziegen«: eine Frau, die Schweden verlassen muss, weil die Polizei sie in ihrem eigenen Land nicht schützen kann vor dem eigenen Mann. »Dieser Frau wollte ich eine Stimme geben.« Das Buch erscheint in einem großen Verlag, verkauft sich aber schlecht. Liza gründet zusammen mit zwei Freundinnen einen eigenen Verlag: Piratförlaget. Ihr darin wieder aufgelegtes Buch wird zum Bestseller. Inzwischen haben ihre Bücher weltweit eine Auflage von fünf Millionen. Ihre Heldin heißt Annika Bengtzon und ist Polizeireporterin, ganz wie sie. Der Verlag prosperiert. Innerhalb von nur vier Jahren publizierte er 15 Weltbestseller. Marklund ist verheiratet und hat zwei Töchter und einen Sohn. – Bettina Flitner fotografierte Liza Marklund im September 2003 in Stockholm.

MARGARETE MITSCHERLICH-NIELSEN

DEUTSCHLAND/DÄNEMARK

MARGARETE MITSCHERLICH-NIELSEN PSYCHOANALYTIKERIN

Margarete Nielsen wurde 1917 im dänischen Graasten geboren. In der Nachkriegszeit war sie die führende Lehranalytikerin in Deutschland und später, zusammen mit ihrem Mann Alexander wie auch alleine, eine prägende Theoretikerin. – Die Tochter einer patriotischen deutschen Lehrerin und eines traditionell deutschenfeindlichen dänischen Arztes übt sich früh im Aushalten von Ambivalenzen. Als Kind wird sie von der Mutter unterrichtet. Der nicht schulisch Disziplinierten wird ein lebenslanger Hang zum Anarchistischen erhalten bleiben. Sie studiert Medizin in Heidelberg und sympathisiert mit den Nazi-Gegnern. Als junge Ärztin in der Schweiz trifft sie 1948 den zunächst noch verheirateten Alexander Mitscherlich und bekommt 1949 den gemeinsamen Sohn Mathias allein. Sie geht nach London, lernt die Psychoanalyse von den Emigranten und bringt sie nach Deutschland zurück. Von nun an arbeitet das Paar Mitscherlich eng zusammen, er stärker gesellschaftstheoretisch, sie stärker individualpsychologisch orientiert. Schlüsselwerke wie *Die Unfähigkeit zu trauern*, die das Denken und Fühlen im Nachkriegsdeutschland prägten, sind Produkte gemeinsamer Arbeit. 1972 veröffentlicht Margarete Mitscherlich ihr erstes eigenes Buch *Müssen wir hassen?*, eine popularisierende Darstellung der Psychoanalyse. 1978 bekennt sie in *EMMA*: »Ich bin Feministin«, was im psychoanalytischen Milieu als Skandal empfunden wird. Als Alexander Mitscherlich 1982 stirbt, brechen die bis dahin verdeckten Aggressionen gegen die unangepasste, für eine »entschulte« Psychoanalyse eintretende Analytikerin offen auf. Mitscherlich analysiert bis heute in dem 1960 von Alexander und ihr gegründeten Freud-Institut. – Bettina Flitner fotografierte Margarete Mitscherlich im Juni 2001 im Freud-Institut und im Botanischen Garten in Frankfurt.

HERTA MÜLLER

DEUTSCHLAND/RUMÄNIEN

HERTA MÜLLER SCHRIFTSTELLERIN

Herta Müller wurde 1953 in Nitzkydorf im deutschsprachigen Banat geboren. Sie gilt als eine der bedeutendsten deutschsprachigen Schriftstellerinnen und Chronistin des (Über-)Lebens in einem totalitären System. – Müllers Großvater war Großbauer, die Mutter wird als Angehörige der deutschstämmigen Minderheit zur Zwangsarbeit in die UdSSR deportiert, der von der Tochter als »jähzornig« gefürchtete Vater arbeitet als LKW-Fahrer. Herta Müller studiert Literatur und Germanistik in Temeschwar und arbeitet als Übersetzerin. Als sie sich weigert, mit der Geheimpolizei zu kooperieren, wird sie entlassen. In den Jahren der Arbeitslosigkeit und des Jobbens engagiert sie sich in der Untergrund-Opposition und beginnt zu schreiben. Ihr erstes Buch wird von der Zensur verstümmelt, ihr zweites, aus dem Land geschmuggeltes Manuskript erscheint 1984 in Deutschland *(Niederungen)*. 1987 beantragt Müller die Ausreise nach Deutschland. Sehr rasch fällt die ganz eigene Stimme Herta Müllers auf. Die Botschaft ihrer Texte, die immer von der grenzenlosen Gewalt von Staat und Männern handeln, ist nur auszuhalten, weil ihr Ton so lyrisch und ihre Sprache so bilderreich ist. Es ist die fremdvertraute Bildersprache der versinkenden Welt des Banats, gemischt mit den Versatzstücken einer Diktatur, der Verhöre und Befehle. Ein Höhepunkt ist der Roman *Herztier* (eine Formulierung der Großmutter), der 1994 erscheint. 1997 schreibt sie ihre Chronik der Gewalt und Entfremdung fort in *Heute wär ich mir lieber nicht begegnet*. Sie beschwört mit lyrischer Intensität und politischer Radikalität die Verflechtung von Terror im Verhör wie Terror im Alltag. Müller arbeitet bei ihrer Lyrik gerne mit dadaistischen Collagen. – Bettina Flitner fotografierte Herta Müller im August 2001 in ihrer Wohnung in Berlin und auf einer Radrennbahn.

OLGA NEUWIRTH

ÖSTERREICH

OLGA NEUWIRTH KOMPONISTIN

Olga Neuwirth wurde 1968 in Graz geboren. Sie gilt heute als eine der vielversprechendsten jüngeren Komponistinnen in Europa. – Die Tochter eines Jazzpianisten und einer Literaturbegeisterten wächst in einem Dorf in der Steiermark auf und spielt Trompete und Fußball. Mit 16 begegnet sie bei einem Kompositions-Workshop der Schriftstellerin Elfriede Jelinek. Es ist der Beginn einer Freundschaft und fruchtbaren Arbeitsgemeinschaft. Neuwirth studiert Komposition in Wien und Paris, wird ermutigt von der Komponistin Adriana Hölszky (»Nicht beirren lassen! Weitermachen!«) und hat erste Erfolge mit der Vertonung von zwei Jelinek-Hörspielen auf den Wiener Festwochen 1991. Acht Jahre später folgt ihr Durchbruch mit *Bählamms Fest* (Libretto Jelinek). Im Leben wie in der Arbeit lässt Neuwirth sich ungern festlegen. Typisch für Neuwirths Komposition ist die Verbindung von Klassik und Elektronik mit natürlichen Klängen, charakteristisch die Mischung von poetischer Leichtigkeit und dramatischer Schwere. Wohl nicht zufällig schätzt sie den Countertenor, eine Stimme zwischen männlich und weiblich. Trotz ihrer Erfolge bleibt sie als Frau, wie sie sagt, ein »Alien« in dem männerdominierten Fach. »Ich glaube, ich kann mir als Frau keinen Ausrutscher leisten«, klagt sie, »dann wär's aus«. Wenn es sein muss, engagiert die Komponistin sich auch tagespolitisch. »Ich lasse mich nicht wegjodeln!«, erklärte sie im Jahr 2000 auf einer Demonstration, als der Rechtspopulist und Jodler Jörg Haider in die Regierung kommt. Nach einigen Jahren in Berlin lebt sie jetzt wieder in Wien. – Bettina Flitner fotografierte Olga Neuwirth im Juli 2002 in ihrer damaligen Wahlheimat Berlin.

CHRISTIANE NÜSSLEIN-VOLHARD

DEUTSCHLAND

CHRISTIANE NÜSSLEIN-VOLHARD BIOLOGIN

Christiane Volhard wurde 1942 in Magdeburg geboren und wuchs in Frankfurt am Main auf. 1995 erhielt sie als erste deutsche und weltweit fünfte Frau den Nobelpreis für Medizin. – Sie ist eines von fünf Kindern aus einem bildungsbürgerlichen Haus und wird früh von ihrem »anbetungswürdigen« Vater, einem Architekten, gefördert. Die bewunderte Großmutter ist Malerin. Sie promoviert mit Auszeichnung und wird mit 42 Jahren Direktorin des Max-Planck-Instituts in Tübingen, eine von vier Direktorinnen unter 200 Männern. Den Nobelpreis bekommt sie, gemeinsam mit ihrem Kollegen Eric Wieschaus, für ihre Erforschung des genetischen Bauplans am Beispiel der Bananenfliege. Die »Herrin der Fliegen« legt 20 000 unter das Mikroskop, um herauszufinden, was die Entwicklung einzelner Körperteile steuert. Nüsslein-Volhard entdeckt, dass es die Gene sind und dass diese Gene wiederum von vier Signalsubstanzen in der mütterlichen Eizelle gesteuert werden. Die Wissenschaftlerin bedauert, dass die Forschung in Deutschland »zu vielen Einschränkungen unterworfen« ist und wünscht sich vor allem auch im Bereich der Genforschung »mehr Freiheiten«. Seit Anfang der 1990er Jahre engagiert sich die inzwischen geschiedene Nüsslein-Volhard zunehmend in der Förderung von Frauen: »Frauen geben Fehler und Unsicherheiten häufiger zu, was sich negativ auf ihr Image auswirkt.« Sie fordert Kindertagesstätten an den wissenschaftlichen Instituten und findet: »Es wäre gut, wenn es in der Wissenschaft mehr Frauen als Vorbilder gäbe.« Im Labor trägt sie »mit Vorliebe« Jeans, in der Hausgemeinschaft mit den geliebten Katzen musiziert und kocht sie »mit Leidenschaft«. – Bettina Flitner fotografierte Christiane Nüsslein-Volhard im Juni 2001 in ihrem Haus und Garten sowie im Max-Planck-Institut in Tübingen.

$$\text{R}-\text{O}-\text{CH}_2-\text{CH}_3$$

$$\begin{matrix} H \\ \diagdown \\ N-(\text{CH}_2)_n-\text{CO} \\ \diagup \\ H \end{matrix}$$

(qp analoge
NTPs

KATI OUTINEN

FINNLAND

KATI OUTINEN SCHAUSPIELERIN

Kati Outinen wurde 1961 in Finnland geboren. Sie ist die Hauptdarstellerin in bisher sieben Filmen von Aki Kaurismäki. – Die Tochter einer Lehrerin und eines Offsetdruckers wird mit zwölf Jahren in der Theatergruppe ihrer Schule entdeckt. »Ich fühlte mich so frei, wenn ich spielte.« Sie absolviert die Schauspielschule in Helsinki, macht zehn Jahre lang Theater und ab 1980 auch Filme. International bekannt wird sie als Hauptdarstellerin von Kaurismäki, dessen Frauenrollen sie mit einer irritierenden, melancholischen Intensität verkörpert. 1989 ist sie sein *Mädchen aus der Streichholzfabrik*, 2001 erhält sie in Cannes für ihre Rolle in *Der Mann ohne Vergangenheit* den Preis der besten Schauspielerin. Über ihre Arbeit mit dem so radikal verzweifelten und gleichzeitig so komischen und lyrischen Kaurismäki erzählt sie am Beispiel vom »Streichholzmädchen«, diesem hässlichen Entlein, das nach einer Serie von Demütigungen zurückschlägt und zur Serienmörderin wird: »Ich dachte, der Film wird eine Komödie. Doch als ich den Film nach sechs Monaten Montagearbeiten zum ersten Mal sah, fand ich ihn überwältigend traurig.« Im Ausland ist Outinen als Hauptdarstellerin von Kaurismäki, der international als einer der eigenwilligsten Regisseure gilt, fast bekannter als in ihrer Heimat. Neben ihren Filmarbeiten auch mit anderen Regisseuren arbeitet der Anti-Star heute als Professorin an der staatlichen Schauspielschule von Helsinki. Sie ist allein erziehende Mutter einer inzwischen erwachsenen Tochter. – Bettina Flitner fotografierte Kati Outinen im September 2003 am Strand von Helsinki, ganz in der Nähe des Hauses, in dem sie aufwuchs.

JUDIT POLGAR

ISRAEL/UNGARN

JUDIT POLGAR SCHACHSPIELERIN

Judit Polgar wurde 1976 als Tochter einer ungarisch-jüdischen Familie in Budapest geboren. Sie gilt als die mit Abstand beste Schachspielerin der Welt. – Vater Laszlo, Lehrer und Autor des Buches *Wie man ein Genie wird*, unterrichtet seine drei Töchter gegen den heftigen Widerstand des Staates selbst zu Hause und trainiert täglich acht Stunden Schach mit ihnen. Resultat: Zsuzsa, die Älteste, wird die Beste in der ungarischen Frauenliga; Zsofia, die Mittlere, wird siebte in der Weltrangliste – und Judit, die Jüngste, bricht alle Rekorde. Sie besiegt den Vater im Alter von fünf, gewinnt mit neun sieben von acht Spielen bei den New York Open, erringt ihren ersten Meistertitel mit elf und wird mit 15 jüngsteR SchachgroßmeisterIn der Geschichte. Unterstützt vom Vater (»Frauen können das Gleiche wie Männer«) weigert sie sich sodann, noch bei reinen Frauenturnieren mitzuspielen. Judith ist damit die Erste, die gegen Männer antritt – siebzig Jahre nach der Weltmeisterin Vera Menchik, die in den 1930er Jahren die Männer herausforderte und unter anderem zweimal den Weltmeister Max Euwe besiegte. 1998 schlägt Polgar den Schachweltmeister Anatoly Karpov im Schnelldurchgang. So weit will Schachstar Bobby Fischer es gar nicht erst kommen lassen. Fischer, der gegen Frauen mit einer Figur weniger anzutreten pflegt, findet immer neue Ausflüchte, um sich dem Duell mit Polgar zu entziehen. So kommt es, dass die Großmeisterin sich gesamtgeschlechtlich noch mit Weltrangplatz elf begnügen muss. Doch das könnte sich sehr bald ändern: Das weibliche Schachgenie drängt immer entschiedener auf die »Aufhebung der Geschlechtertrennung«. Polgar lebt mit ihrem Ehemann abwechselnd in Ungarn und Israel. – Bettina Flitner fotografierte Judit Polgar im März 2002 in ihrem Sommerhaus bei Budapest.

FRANKA POTENTE

DEUTSCHLAND

FRANKA POTENTE SCHAUSPIELERIN

Franka Potente wurde 1974 in Münster als Tochter eines Lehrers und einer medizinisch-technischen Assistentin geboren. Sie gilt zurzeit als einziger internationaler deutscher Star. – Nach dem Abitur geht Potente nach München auf die Otto-Falckenberg-Schule und nach New York ans Lee-Strasberg-Institut. Noch als Schauspielschülerin wird sie für den Film entdeckt *(Nach fünf im Urwald)*. 1997 spielt sie eine lesbische Skiläuferin *(Rennlauf)*, ihr Durchbruch kommt 1998 mit Tom Tykwers *Lola rennt*, der zum Welterfolg bei Publikum und Kritik wird. Potente spielt darin eine Frau, die innerhalb von zwanzig Minuten 100 000 Mark auftreiben muss, um ihren Freund aus dem Schlamassel zu retten. Potente und Tykwer werden auch im Leben für einige Jahre ein Paar und machen zusammen den melancholischen Liebesfilm *Der Krieger und die Kaiserin*. Dann ruft Hollywood. Potentes zweiter US-Film, *The Bourne Identity*, wird 2002 zum Kassenschlager in Amerika. Potente bleibt kritisch und wählerisch in ihren Rollen und engagiert sich auch politisch (zum Beispiel für *amnesty international*). Sie weigert sich, »ohne Grund in der Rolle« nackt aufzutreten und äußert sich wiederholt kritisch über den Zwang zur Anpassung und zum Schlanksein in der Filmbranche. Die Kritik, sie sei »zu dick«, weist sie selbstbewusst zurück. »Sie will kein erotisch definierter Star sein, spielt jedoch mit auffällig körperlicher Präsenz«, konstatiert das *Filmlexikon*. 2004 spielt sie in dem Film *Blue Print* eine Doppelrolle: die Mutter, die sich klont, sowie die geklonte Tochter. Nach einigen Jahren Hollywood kehrte sie Ende 2003 zurück nach Berlin. – Bettina Flitner fotografierte Franka Potente im November 2001 und im Februar 2002 in ihrer Wohnung und im Ballettstudio in Berlin.

RUTH RENDELL

GROSSBRITANNIEN

RUTH RENDELL **SCHRIFTSTELLERIN**

Ruth Graseman wurde 1930 in London geboren. Sie gilt als die bedeutendste lebende englische Kriminalschriftstellerin. – Ruth ist das einzige Kind eines Lehrerehepaares, Vater Engländer, Mutter Schwedin. Mit 15 schreibt sie ihren ersten Roman, und zwar in Versform: über Boadicea, eine britische Königin aus dem 1. Jahrhundert, die den Aufstand gegen die römischen Besatzer anführte. Nach dem Studium arbeitet sie als Journalistin, heiratet 1950 ihren Kollegen Rendell und wird nach der Geburt des Sohnes Hausfrau, zehn Jahre lang. »Nur so zum Spaß« schreibt sie ihren ersten Kriminalroman, dessen Anti-Held schon ihr Scotland-Yard-Inspektor Reginald Wexford ist. Er erscheint 1964 und wird sofort ein Erfolg; vom Honorar kauft sie sich einen Jaguar. Bis heute sind rund vierzig Romane von Rendell in zahlreichen Sprachen erschienen, die meisten als Kriminalromane, einige aber auch außerhalb dieses Genres, als Suspense-Literatur, unter dem Pseudonym Barbara Vine. In Wahrheit sind die Grenzen zwischen den beiden Genres fließend, auch Rendells Krimis sind, ganz wie bei Patricia Highsmith, literarische Psycho- und Milieustudien, meist angesiedelt in der unteren Mittelschicht. Als ihre besondere Stärke gilt die unsichtbare Allgegenwart des Kriminellen beziehungsweise Pathologischen und der genaue Blick für das Machtverhältnis der Geschlechter. Rendell wurde mit Preisen überhäuft, darunter dem Edgar-Allan-Poe-Preis, der ihr dreimal verliehen wurde. 1997 erhebt Königin Elisabeth II. sie in den Adelsstand. Lady Rendell ist damit automatisch Mitglied des Oberhauses, was die auch tagespolitisch Engagierte kräftig nutzt: Sie setzt sich vehement ein für die Rechte von Frauen und Homosexuellen sowie für den Schutz der Umwelt. – Bettina Flitner fotografierte Ruth Rendell im Juni 2003 vor ihrem Haus in London.

ANITA RODDICK

GROSSBRITANNIEN

ANITA RODDICK UNTERNEHMERIN

Anita Roddick wurde 1942 als Tochter der italienischen Einwanderer Gilda de Vita und Henry Perili in Littlehampton geboren. Dort ist auch heute der Hauptsitz ihrer Body-Shop-Kette mit 1600 Läden in 47 Ländern. Als ihr Markenzeichen gilt die Verbindung von politischem Engagement mit wirtschaftlichem Erfolg. – Roddick besucht eine Mädchenschule und studiert Geschichte auf Lehramt. Doch statt als Lehrerin jobbt sie zunächst bei der *Herald Tribune* in Paris und beim Women's Rights Department der International Labour Organisation in Genf. Danach eröffnet sie, zusammen mit ihrem Ehemann, erst ein italienisches Restaurant und dann den ersten »Body Shop« in einer Nebenstraße von Brighton: mit selbst gerührten Cremes. Mit aus ihrem Laden strömendem Erdbeerduft, umweltbewussten Produkten und einer emanzipierten Geschäftsideologie (»Your Body & Self Esteem« – Ihr Körper und Ihre Selbstachtung) wird sie rasch zur »Queen of Green«. Ihre Werbebroschüre zum zwanzigjährigen Geschäftsjubiläum liest sich wie ein feministischer Appell. »Es gibt drei Milliarden Frauen, die nicht so aussehen wie Supermodels – und nur acht Frauen, die so aussehen«, lautet der Slogan auf einem Plakat mit einer kräftigen Barbie-Puppe. Roddick setzt sich aktiv für Menschen- und Frauenrechte ein. Sie prangert Diäten an und fordert Frauen auf, »nicht länger zu kriechen, sondern den aufrechten Gang zu gehen«: »Machen Sie sich stark für Ihre Selbstachtung!« 1984 geht sie mit ihrem Unternehmen an die Börse. Nach Umsatzrückgängen zieht sie sich 1998 aus der Geschäftsführung zurück, bleibt jedoch mit ihrem Mann im Vorstand der internationalen Franchising-Kette. Roddick hat zwei Töchter. – Bettina Flitner fotografierte Anita Roddick im September 2003 in Littlehampton und im Haus ihrer Mutter nebenan.

ANDA ROTTENBERG

POLEN

ANDA ROTTENBERG KUNSTMANAGERIN

Anda Rottenberg wird 1944 in Nowosibirsk, Sowjetunion, geboren. Als langjährige Leiterin der Nationalgalerie in Warschau ist sie heute die »meistgehasste Person Polens« *(Art)*. – Ihre Eltern lernen sich in einem sowjetischen Lager kennen, der Vater ist polnischer Jude, die Mutter oppositionelle Russin. Anda studiert Kunstgeschichte in Warschau, forscht offiziell von 1973 bis 1986, reist jedoch so viel sie kann in den Westen, veröffentlicht über 200 Texte in zehn Sprachen und macht in Polen Untergrund-Ausstellungen mit moderner Kunst. 1993 wird sie Direktorin der Nationalgalerie für zeitgenössische Kunst, Zacheta. Ihre Ausstellungen werden im künstlerisch konservativen Polen als Provokationen empfunden. Rasch gerät sie in das Spannungsfeld zwischen kleinem Mann und großer Politik. Als dann im Jahr 2000 in der Galeria Zacheta Maurizio Cattelans Skulptur des Papstes gezeigt wird, wie er von einem Meteoriten niedergestreckt wird, ist der Skandal komplett. Politiker fordern Rottenbergs Rücktritt. Wüste antisemitische Beschimpfungen füllen ihren Briefkasten: »Geh doch nach Israel!« ist noch das Netteste. Sie reagiert darauf mit einem goldenen Davidstern am Revers bei der nächsten Vernissage. »Dabei fühle ich mich gar nicht jüdisch«, sagt sie. Aber einschüchtern lässt sie sich nicht. »Ich habe schon so viel verloren – ich habe nichts mehr zu verlieren.« 2001 weicht sie dem Druck und geht gleichzeitig in die Offensive: Sie kündigt die Leitung des Nationalmuseums, aber erkämpft sich die Verantwortung für den Aufbau des geplanten Museums für zeitgenössische Kunst in Warschau, das sie mit Frank O. Gehry bauen will. Heute lebt Rottenberg, die auch Beraterin des Museums of Modern Art ist, in Warschau und New York. – Bettina Flitner fotografierte Anda Rottenberg im Februar 2002 in ihrer Wohnung in Warschau.

ALICE SCHWARZER

DEUTSCHLAND

ALICE SCHWARZER JOURNALISTIN

Alice Schwarzer wurde 1942 in Wuppertal geboren. Die Journalistin, Essayistin und aktive Feministin gilt seit Mitte der 1970er Jahre als *die* Symbolfigur für die Emanzipation. – Alice wächst als uneheliches Kind bei einem »sehr mütterlichen Großvater« und einer »hochpolitisierten, unkonventionellen« Großmutter auf. Ihre Kindheit ist geprägt von dem Außenseitertum ihrer Familie: als Nazi-GegnerInnen ebenso wie als deklassierte Bürgerliche. Nach einer »chaotischen Schulzeit« in Wuppertal und einer kaufmännischen Lehre geht sie mit 21 zum Sprachstudium nach Paris. Mit 23 volontiert sie, wird Reporterin bei dem Satiremagazin *Pardon* und kehrt zurück nach Paris, diesmal als Korrespondentin. Nebenher studiert sie Psychologie und Soziologie. Ab 1970 engagiert sich Schwarzer in der Pariser Frauenbewegung. Als eine ihrer Pionierinnen exportiert sie 1971 das provokante Selbstbekenntnis der Französinnen (»Ich habe abgetrieben und fordere das Recht für jede Frau!«) nach Deutschland. Die Veröffentlichung im *Stern* wird zum Auslöser der deutschen Frauenbewegung. Diese Aktion ist die erste von vielen, in denen Schwarzer Journalismus und Aktivismus verknüpft. Ab 1971 veröffentlicht sie auch Bücher, bisher 16 als Autorin und 14 als Herausgeberin. 1975 wird *Der kleine Unterschied und seine großen Folgen* zu einem internationalen Bestseller – und Alice Schwarzer zur geliebt-gehassten »Emanze« der Nation. 1977 gründet sie das Magazin *EMMA*, dessen Verlegerin sie bis heute ist. Ihre kämpferischen, aber auch humorvollen Auftritte im Fernsehen machen sie zusätzlich populär. Sie gilt heute weit über die Frauenfrage hinaus als politisch-moralische Instanz. – Ich habe Alice Schwarzer seit 1987 an verschiedenen Orten, von Paris bis Köln, fotografiert. Das Doppelporträt entstand 2002/2003. – Text: Bettina Flitner.

FRIEDE SPRINGER

DEUTSCHLAND

FRIEDE SPRINGER VERLEGERIN

Friede Riewerts wurde 1942 als Tochter eines Gärtners und einer Hauswirtschaftlerin auf Föhr geboren. Die Verlegerin des Springer-Konzerns ist inzwischen auch dank eigenen Geschickes eine der mächtigsten Frauen Deutschlands. – Friede arbeitet zunächst im Hotelgewerbe und dann als Kindermädchen im Haus Springer, wo sie 1978 nach dem Tod von Axel Springers vierter Frau seine fünfte wird. Die dreißig Jahre Jüngere wird rasch seine Vertraute und früh auf ihre Verantwortung als Erbin vorbereitet. Nach dem Tod von Axel Springer am 22. September 1985 wird sie Herrin des größten europäischen Zeitungskonzerns mit 13 200 Angestellten und 2,8 Milliarden Euro Jahresumsatz. Friede Springer, bekannt für ihre Bescheidenheit und ihr Lächeln, wird von der Branche zunächst unterschätzt. Man hält die Witwe für Wachs in den Händen der wahren Macher. Doch alle dem Konzern drohenden Gefahren umschifft sie gekonnt und mit Ausdauer und schafft es sogar, gegen enorme Hindernisse die Mehrheitsanteile zurückzuholen. Die *FAZ* zieht den Hut: »Das verdankt sie ihrer Hartnäckigkeit und einem unternehmerischen Wagemut, den man nicht bei jemandem vermutet, der auf dem Papier sechzig Jahre alt ist. Friede Springers größtes Kapital ist ihre Jugendlichkeit.« Im Jahr 2000 besetzt sie entscheidende Stellen im Konzern mit Vertretern der jüngeren Generation. Sie beruft sich gerne auf den Auftrag ihres Mannes, dessen ideelles Engagement, geprägt von christlichen Grundwerten und der Solidarität mit Israel, sie fortzuführen sucht – auch wenn Kritiker meinen, die Produkte aus dem Hause Springer seien nicht immer auf der Höhe seiner moralischen Ansprüche. »Aus der Frau an seiner Seite ist die Frau an seiner Stelle geworden.« *(FAZ)* – Bettina Flitner fotografierte Friede Springer im Juni 2003 im Verlag in Berlin und im Juli 2003 auf Sylt.

CEIJA STOIKA

ÖSTERREICH

CEIJA STOIKA KZ-ÜBERLEBENDE

Ceija Stoika wird 1933 in Österreich geboren. Die Eltern sind umherziehende Roma. Sie überlebt Auschwitz, Ravensbrück und Bergen-Belsen und steht heute für die Versöhnung mit den »Gadje« (den Sesshaften). – Ceijas Vater ist Viehhändler, und die drei Töchter und drei Söhne können immer nur dann zur Schule gehen, wenn der Wohnwagen ein paar Tage länger an einem Ort bleibt. 1939 verbieten die Nationalsozialisten allen Roma und Sinti das Umherziehen. Die Familie findet Unterschlupf auf dem Gelände eines Bauernhofes. Die Repressionen nehmen zu. Eines Tages wird der Vater abgeholt, wenig später erhält die Familie seine Urne aus Auschwitz. Die Mutter schafft es, sich eine Zeit lang mit ihren sechs Kindern zu verstecken. Doch 1943 werden alle deportiert, nach Auschwitz. Ceija tätowiert man die Nummer Z 6399 auf den Arm. Irgendwie schafft es die Mutter, die Familie zusammenzuhalten. Nur der Jüngste stirbt. Als die SS im KZ Bergen-Belsen vor den herannahenden Befreiern flieht, bleiben den Stoikas nur noch die Blätter eines Baumes als Nahrung. Fünfzig Jahre nach der Befreiung besucht Ceija das KZ – der Baum steht noch immer da. Sie nimmt einen Zweig mit nach Hause. Heute signiert sie ihre Bilder mit diesem Zweig. Nach dem Krieg geht Ceija Stoika zur Schule, bekommt mit 16 einen Sohn, arbeitet als Hausiererin und Marktfahrerin. 1988 erscheinen ihre Erinnerungen: *Wir leben im Verborgenen*. Stoika wird zum Symbol der Versöhnung: zwischen Roma und Nicht-Roma. Im Ruhestand kann sie sich endlich die Zeit nehmen für ihre Passionen: für das Schreiben, Malen und Singen. Sie lebt in Wien. – Bettina Flitner fotografierte Ceija Stoika im März 2002 in ihrer Wohnung in Wien.

MARLENE STREERUWITZ

ÖSTERREICH

MARLENE STREERUWITZ SCHRIFTSTELLERIN

Marlene Streeruwitz wurde 1950 in Baden geboren. Die bekennende Feministin gilt heute, neben Jelinek, als die produktivste und provokativste Autorin ihres Landes. – Streeruwitz kommt aus einem katholisch-konservativen Milieu, der Vater ist Lehrer und Bürgermeister, die Mutter ehrenamtlich engagiert; sie ist eines von vier Kindern. Marlene studiert zunächst Jura, dann Slawistik und Kunstgeschichte in Wien. Als junge geschiedene Frau mit zwei Töchtern schlägt sie sich durch als Werbetexterin, Redakteurin, Regisseurin. Ab Anfang der 1990er Jahre veröffentlicht sie erste eigene Stücke, wird 1992 »Nachwuchsautorin des Jahres« *(Theater heute)* und in den folgenden Jahren die meistgespielte Autorin auf deutschen Bühnen. 1996 erscheint ihr erster von inzwischen mehreren Romanen: *Verführungen*. Darin geht es um eine von ihrem Mann verlassene Frau mit zwei kleinen Töchtern. Alle Texte von Streeruwitz drehen sich um Macht und Gewalt, auch die Gewalt der Sprache. Und um Sehnsucht. Im Mittelpunkt der Bühnencollagen steht die Welt der Männerherrlichkeit, im Zentrum der Romane die der Frauenverzweiflung. Streeruwitz wird zur Chronistin der weiblichen Sprachlosigkeit. Als Essayistin (»Können. Mögen. Dürfen. Sollen. Wollen. Müssen. Lassen.«, 1998) ist sie stark geprägt vom Strukturalismus. Streeruwitz ist eine Intellektuelle, für die die Einmischung in die Tagespolitik selbstverständlich ist. Sie bezieht immer wieder engagiert Stellung gegen Imperialismus, Krieg, Patriarchat und die »Burschen«, die das alles anzetteln. Marlene Streeruwitz lebt mit ihren inzwischen erwachsenen Töchtern in Wien. – Bettina Flitner fotografierte Marlene Streeruwitz im März 2002 an der Donau bei Wien.

ILONA TOKODY

UNGARN

ILONA TOKODY SÄNGERIN

Ilona Tokody wurde 1953 in Szeged geboren. Sie ist in ihrer Heimat die beliebteste klassische Sängerin und ein internationaler Opernstar. – Ilonas Eltern sind beide Lehrer. Die außergewöhnliche Stimme ihres einzigen Kindes fällt früh auf. Nach dem Studium an der Franz-Liszt-Akademie in Budapest ist ihre erste große Rolle die Mimi in *La Bohème* an der Wiener Staatsoper. Bis heute ist ihre Mimi die anerkannteste Interpretation des Parts. Seither gastiert die Tokody an allen großen Häusern der Welt: vom Metropolitan in New York über das Covent Garden in London und die Berliner Staatsoper bis zur Suntori Hall in Tokio. Sie singt an der Seite von Placido Domingo, Luciano Pavarotti oder José Carreras. Mit ihm tritt sie auch 1995 in der Deutschlandhalle auf. *Die Berliner Zeitung* schreibt über den Auftritt: »Glitzernd wie ihre paillettenbestickten Roben funkelte und schwelgte Ilona Tokodys betörender Sopran nicht nur in den Melodien aus Operette und Zarzuela. Selbst in ihren Opernarien und -duetten tanzte bei jedem Walzerschritt die Seele mit, begeisterte der gestaltungsfreudige Stimmkobold mit exzellenter Technik und hinreißender Ausstrahlung.« Tokodys Spezialität sind Verdi-Galas, mit denen sie in zahlreichen Ländern tourt. Die Ungarn lieben sie besonders für ihre lyrische Interpretation ungarischer Volkslieder, allen voran Kodálys »Unter den Cistarbergen«, womit sie in der Londoner Westminster Abbey ebenso Margaret Thatcher wie Tony Blair rührte. Tokody hat an über fünfzig internationalen Musikproduktionen mitgewirkt und ist seit 1976 die Starsopranistin der ungarischen Staatsoper. Sie ist geschieden und lebt in Budapest. – Bettina Flitner fotografierte Ilona Tokody im Mai 2002 in der Budapester Oper.

TATJANA TOLSTAJA

RUSSLAND

TATJANA TOLSTAJA SCHRIFTSTELLERIN

Tatjana Tolstaja wurde 1951 in Leningrad geboren. Sie gilt heute als die populärste russische Autorin ihrer Generation. – Tolstaja ist das jüngste Mitglied der Schriftstellerfamilie Tolstoi und eine Urgroßnichte von Leo. Sie studiert Altphilologie, arbeitet als Lektorin und veröffentlicht ihre ersten Erzählungen im Alter von 38 Jahren (deutscher Titel: *Stelldichein mit einem Vogel*). Damit wird sie schlagartig bekannt. Sie folgt 1988 einer Einladung als »Writer in Residence« in die USA. Zehn Jahre lang lebt sie mit ihrer Familie, dem Mann (einem Übersetzer) und zwei Söhnen, zwischen Amerika und Russland. Auf den in der Sowjetzeit angeordneten Realismus reagiert sie mit einer »Literatur des sowjetischen Tagtraums« *(Die Zeit)*: politisch verhalten, aber literarisch kühn. Ende der 1990er Jahre kehrt sie zurück in ihre Heimat, ein Sohn bleibt in New York, der andere geht nach Moskau. Es erscheinen weitere Erzählungen und im Jahr 2003 der erste Roman *(Kys)*. Zusätzlich populär wird Tolstaja ab Ende der 1990er Jahre mit einer Talkshow im Staatsfernsehen, der »Lästerschule«. Das Prinzip: Sie interviewt zusammen mit einer Kollegin prominente Zeitgenossen, und anschließend lästern die Interviewerinnen live über den Befragten. Der Ton ihrer literarischen Texte ist nicht ohne Resignation: »Zwanzig Prozent der Menschen leben unterhalb der Armutsgrenze. Und sie wollen nichts daran ändern«, sagt sie. »Sie sitzen nur da und starren auf das, was passiert.« Doch die Veränderungen nach der explizit politischen Literatur in der Sowjet- und der Zarenzeit findet Tolstaja positiv: »Literatur hat ihre alte Bedeutsamkeit verloren. Zum Glück für die Literatur.« – Bettina Flitner fotografierte Tatjana Tolstaja im September 2003 anlässlich einer Lesung in Köln.

SIMONE VEIL

FRANKREICH

SIMONE VEIL POLITIKERIN

Simone Jacob wurde 1927 in Nizza geboren, ihre Familie 1944 deportiert. Sie war zweimal Ministerin und Präsidentin des Europaparlaments und ist bis heute eine der populärsten Politikerinnen ihres Landes. – Simone ist die Tochter eines Architekten und einer Chemiestudentin. 1944 wird sie zusammen mit ihrem Bruder und ihren Eltern nach Auschwitz deportiert. Simone überlebt auch noch Bergen-Belsen, zusammen mit ihrer Schwester. Von ihrer Mutter bleibt ihr nur ein Holzkästchen. Direkt nach dem Krieg studiert Simone auf einer der Pariser Elite-Universitäten, heiratet einen Kommilitonen und bekommt drei Söhne. Sie folgt ihrem als Banker tätigen Mann in der Nachkriegszeit nach Deutschland (»schwer erträglich«). Zurück in Frankreich engagiert sie sich beruflich und macht rasch Karriere. Ab 1957 arbeitet sie im Justizministerium, 1970 wird sie als erste Frau Generalsekretärin der Nationalen Richtervereinigung, 1974 als Mitglied der Liberalen Partei Gesundheitsministerin der konservativen Regierung (wo sie der erste weibliche Minister seit 1958 ist). Veil setzt sich, ganz im Sinne ihres Präsidenten Giscard d'Estaing, für die Fristenlösung ein (das Recht auf Abtreibung in den ersten drei Monaten). Ansonsten aber zögert sie nicht, sich mit den Feministinnen anzulegen, bei denen sie einen »Verlust ihrer Weiblichkeit« beklagt. Die immer betont damenhaft auftretende Politikerin ist berüchtigt für ihre Wutausbrüche. Darauf angesprochen, winkt sie lässig ab: »Diese Kritik kommt von Männern, die nur mit kleinen Mädchen können.« In den 1990er Jahren pendelt sie zwischen Straßburg (als Europapolitikerin) und Paris (als Staatsministerin). – Bettina Flitner fotografierte Simone Veil im Juni 2003 in ihrer Wohnung in Paris.

LAURE WYSS

SCHWEIZ

LAURE WYSS JOURNALISTIN UND SCHRIFTSTELLERIN

Laure Wyss wurde 1913 im zweisprachigen Biel/Bienne geboren und starb 2002 in Zürich. Unabhängig von ihren beruflichen Meriten gilt sie in der Schweiz als Pionierin und »einmalige Persönlichkeit« *(Neue Zürcher Zeitung).* – Laure kommt als Kind eines Notars und einer Hausfrau in einer liberalen Familie zur Welt. Mit 19 geht sie nach Paris und von da nach Berlin, wo sie 1933 vor allem ihre »ersten Augen öffnenden Erfahrungen mit dem Nationalsozialismus« macht und Flugblätter für Pfarrer Niemöller und die Bekennende Kirche verteilt. 1939 folgt sie ihrem Mann nach Schweden und macht Übersetzungen für deutsche Emigranten. Nach dem Krieg lässt Wyss sich scheiden und bekommt mit 37 Jahren einen »sehr gewünschten« Sohn. Den Namen des Vaters wird sie nie nennen. Während der Schwangerschaft jobbt sie als Dienstmädchen in England. Zurück in der Schweiz arbeitet sie als freie Journalistin, macht die Frauenseite beim *Luzerner Tagblatt*, erfindet in den Pionierzeiten des Fernsehens ein neuartiges TV-Frauenmagazin und wird ab 1963 Gründerin und Chefredakteurin des respektablen Magazins vom *Tages-Anzeiger*. Hier fällt sie sowohl mit ihren engagierten, pointierten Sozial- und Gerichtsreportagen auf, wie auch als innovative Macherin. Bereits ein Jahr, bevor die Schweizerinnen das Wahlrecht bekommen, titelt Wyss im *Magazin* mit der »Women's Liberation« (wie sich die US-Frauenbewegung nannte). Spätestens ab den 1980er Jahren gilt die integre Laure Wyss in ihrer Heimat als politische und moralische Instanz. Erst nach der Pensionierung erfüllt sich die »passionierte Zeitungsmacherin« einen alten Traum: »Endlich Bücherschreiben!«, nämlich Erzählungen, Gedichte und einen Roman. – Bettina Flitner fotografierte Laure Wyss neun Monate vor ihrem Tod, im November 2001, in ihrer Wohnung in Zürich.

Danksagung Ich danke dem »Bundesministerium für Familie, Senioren, Frauen und Jugend« für die finanzielle Starthilfe, ohne die das Projekt nicht hätte begonnen werden können; der *EMMA* für Inspiration, Hilfe bei der Recherche und Vermittlung von Kontakten; und vor allem den porträtierten Frauen für ihr Vertrauen und die Zeit, die sie mir geschenkt haben.

Bettina Flitner, geboren 1961, ist in Hannover, New York, Köln und Perugia zur Schule gegangen. Sie machte eine Ausbildung zur Cutterin beim WDR und studierte an der »Deutschen Film- und Fernsehakademie« in Berlin, ihre ersten Filme wurden vielfach ausgezeichnet. Als Fotografin ist Bettina Flitner Autodidaktin. Sie setzt seit 1990 bei ihrer Arbeit den Hauptakzent auf die Fotografie, seit 1992 ist sie assoziiertes Mitglied der Fotografenagentur laif. Die filmische Arbeit hat ihre fotografische Sicht stark geprägt. Die künstlerischen Arbeiten von Bettina Flitner haben oft einen seriellen Charakter und kombinieren Bild mit Text, so ihre *Reportage aus dem Niemandsland*, die Fotoserie über den Mauerfall 1989; die Arbeit *Nachbarn* über die fremdenfeindlichen Angriffe in Hoyerswerda oder die Trilogie *Mein Herz. Mein Feind. Mein Denkmal* aus den Jahren 1992 bis 1995. Bettina Flitner hat von Anfang an zwischen den Genres gearbeitet: zwischen dokumentarischem Journalismus und inszenierter Fiktion. Immer ging es dabei um Menschen, oft um Frauen. Bekannt wurde Bettina Flitner vor allem durch ihre ungewöhnlichen Installationen im öffentlichen Raum, mit denen sie »seit den 1990er Jahren den Kunstbetrieb infiltriert und seine Grenzen sprengt« (Prof. Klaus Honnef). Ihre preisgekrönte Arbeit *Ich bin stolz, ein Rechter zu sein* über rechtsradikale Jugendliche, die sie auf der ART Cologne 2001 als beklemmende Rauminstallation inszenierte, hat, wie so oft, kontroverse Diskussionen bei Menschen und Medien ausgelöst.

Der Fotoband über die Europäerinnen ist, neben zahlreichen Ausstellungen und Installationen im In- und Ausland, Bettina Flitners fünfte Buchpublikation. An dem Projekt arbeitet sie seit dem Jahr 2000. Sie präsentierte erste Fotografien auf der ART Cologne 2003, von den Porträts gibt es eine limitierte Auflage. Mit der Kölner Architektin Dörte Gatermann, Professorin an der Technischen Hochschule Darmstadt, arbeitet Flitner zur Zeit an einem »Hall of Fame Project«: Für die Porträts bedeutender Europäerinnen soll eine Art Ruhmeshalle konzipiert werden. Bettina Flitner lebt heute in Köln und Berlin.

www.bettinaflitner.de

IMPRESSUM

Originalausgabe
Copyright © 2004 von dem Knesebeck GmbH & Co. Verlags KG, München
Ein Unternehmen der La Martinière Groupe

Bibliografische Information Der Deutschen Bibliothek
Die Deutsche Bibliothek verzeichnet diese Publikation in der Deutschen Nationalbibliografie;
detaillierte bibliografische Daten sind im Internet über http://dnb.ddb.de abrufbar.

Gestaltung: Werkstatt München, Weiss/Zembsch
© der Fotografien: Bettina Flitner
© der Textporträts: Alice Schwarzer
Satz: satz & repro Grieb, München
Lithografie: Karl Dörfel, München
Druck: Passavia, Passau
Printed in Germany

ISBN 3-89660-211-X

Alle Rechte, insbesondere das Recht der Vervielfältigung und Verbreitung, vorbehalten.
Kein Teil des Werkes darf in irgendeiner Form (durch Fotokopie, Mikrofilm oder ein
anderes Verfahren) ohne schriftliche Genehmigung des Verlags reproduziert oder unter
Verwendung elektronischer Systeme verarbeitet, vervielfältigt oder verbreitet werden.

www.knesebeck-verlag.de